海滨之城，风姿绰约、旖旎壮丽；缤纷岛屿，宁静雅致、纯净悠然；海底世界，五彩斑斓、神奇变幻……背起行囊，向梦想之地出发。

最值得珍藏的海洋文化丛书

Ocean Tourism

海洋旅游

主 编/方百寿

文稿编撰/李文凤

图片统筹/陈　龙

中国海洋大学出版社

·青岛·

人文海洋普及丛书

总主编　吴德星

顾　问

文圣常　中国科学院院士、著名物理海洋学家

管华诗　中国工程院院士、著名海洋药物学家

冯士筰　中国科学院院士、著名海洋环境学家

王曙光　国家海洋局原局长、中国海洋发展研究中心主任

编委会

主　任　吴德星　中国海洋大学校长

副主任　李华军　中国海洋大学副校长

　　　　杨立敏　中国海洋大学出版社社长

委　员（以姓氏笔画为序）

丁剑玲　方百寿　白刚勋　曲金良　朱　柏　朱自强

刘宗寅　齐继光　纪丽真　李夕聪　李学伦　李建筑

徐永成　康建东　傅　刚　魏建功

总策划　李华军

执行策划

杨立敏　李建筑　李夕聪　朱　柏　纪丽真

普及海洋知识
迎接蓝色世纪

文圣常

二〇二一年三月

著名物理海洋学家、中国科学院资深院士文圣常题词

弘扬海洋文化　共享人文华章
——出版者的话

　　海潮涌动，传递着大海心底最深沉的呼唤；人海相依，演绎着人与海洋最炽热的情感。慢慢走过的岁月，仿佛是船儿在海面经过的划痕，转瞬间成为永恒。这里既有海洋的无限馈赠，更有人类铸就的恢弘而深远、博大而深邃的海洋文化。

　　为适应国家海洋发展战略需求，普及海洋知识，弘扬海洋文化，我社倾力打造并推出了这套"人文海洋普及丛书"，希望能为提高全民尤其是广大青少年的海洋意识作出应有贡献。

　　依托中国海洋大学鲜明的海洋学科和人才队伍优势，我社一直致力于海洋知识普及和海洋文化传播工作，这是我们自觉肩负起的社会责任，也是我们发自心底对海洋的挚爱，更是我们对未来海洋事业发展的蓝色畅想。2011年推出的"畅游海洋科普丛书"，在社会上产生了广泛而良好的影响，本丛书是我社为服务国家海洋事业献上的又一份厚礼。

　　本丛书共6个分册，以古往今来国内外体现人文海洋主题的研究成果和翔实资料为基础，多视角、多层次、全方位地介绍了海洋文化各领域的基础知识和经典案例及轶闻趣事。《海洋文学》带你走进中外写满大海的书屋，倾听作者笔下的海之思、海之诉；《海洋艺术》带你穿越艺术的历史长廊，领略海之韵、海之情；《海洋民俗》带你走进民间，走近海边百姓，一睹奇妙无穷的大千世界；《海珍食话》让你在领略海味之美的同时了解它们背后的文化故事；《海洋探索》引你搭乘探险考察之船，体验人类在海洋探索过程中的每一次心跳；《海洋旅游》为你呈现大海的迤逦风光，而海洋文化价值的深度挖掘更会令你把每一处风景铭刻在心……

本丛书以简约隽永的文字配以大量精美的图片，生动地展现了丰富的海洋文化，让你在阅读过程中享受视觉的盛宴。典型案例的提炼与基础知识的普及相结合，文化、历史、轶闻趣事熔于一炉，知识性与娱乐性融为一体，这是本丛书的主要特色。

为打造好这套丛书，中国海洋大学吴德星校长任总主编，率领专家团队精心创作；李华军副校长为总策划，为本丛书的出版出谋划策。90岁高龄的中国科学院资深院士、著名物理海洋学家文圣常先生亲笔题词：普及海洋知识，迎接蓝色世纪。本丛书各分册的主编均为相关领域的专家、学者，他们以强烈的社会责任感、严谨的治学精神、朴实而不失优美的文笔精心编撰，为丛书的成功出版奠定了牢固基础。

这是一套承载着人文情怀的丛书，她洋溢着海洋的气息，记录了人类与海洋的每一次邂逅，同时也凝聚了作者和出版工作者的真诚与执著。文化的魅力在于一种隽永的美感，一种不经意间受其浸染的魔力，饱览本丛书，你可能会有些许的感动，会有意想不到的收获……

热爱海洋，要从了解海洋开始。愿"人文海洋普及丛书"能使读者朋友对海洋有更加深刻的认识，对海洋有更加炽热的爱！

　　海洋是生命的摇篮，也是旅游的乐园。阳光、海水、沙滩这些大自然的无私馈赠，总会带给人心灵无限的快乐和慰藉。惊涛拍岸，大浪淘沙，会让你获得激越勇敢的能量；烟波浩渺，海纳百川，能让你的心胸变得更加开阔豁达。置身于万顷碧波之中，大海可以荡涤尘嚣，为你洗去身心的疲惫。正因大海无尽的美妙与神奇，使它成为人们心中梦寐以求的度假天堂。

　　大放异彩的海滨城市、千奇百怪的海蚀地貌、鸥帆点点的渔岛风情、五彩变幻的海底世界……众多无与伦比的华美篇章，似乎依旧无法拼凑出大海完整的旖旎景致。正如"一千个读者就有一千个哈姆雷特"，每个人心中都有属于自己的一片海洋天堂，那里或是椰风林影，水清沙幼；或是神秘莫测，与世隔绝；或是风轻雪柔，汤烟袅袅……只要我们拥有一颗认识海洋、热爱海洋的心，这些地方将不再只是地图上的一个符号，而成为你热爱自然、享受生命的动力源泉。

　　也许此刻，你正为工作和学习而劳心费神，为生活缺少激情而郁郁消沉，为没有实现的梦想而独自激

愤……那么，就给自己的心灵放一个假，去畅游大海吧！或许激情澎湃的海浪能够帮你重新点燃对生活的热情，自由而斑斓的海水能让你尽情释放世俗的压力，重拾童年的纯真与快乐。

翻开书页，让我们扬起梦想的风帆，徜徉在中国海滨的碧海蓝天之间，游弋在外国海滨的异国风情里，漫步在缤纷海岛的童话世界中……驾一艘游艇，抑或乘上邮轮，遨游在大海之上，尽享海天一色的绮丽风光！

Contents 目录

缤纷海岛 081

特色海上游 141

魅力海滨

与大海毗邻而居的一座座美丽城市，犹如镶嵌在碧波上的珍珠，在大海的恩泽下发出独特的光芒。无论是充满脉脉温情的中国海滨城市，还是精彩纷呈的外国海滨城市，都将带给你一份非同寻常的魅力海滨记忆！

中国海滨旅游城市

　　驾一叶扁舟，在青岛奥帆基地御风起航；在八仙过海的地方邂逅一场海市蜃楼；在天风海涛中聆听鼓浪屿的琴声乐韵；在东方之珠的维多利亚港沉醉……游走在一个个美不胜收的中国海滨城市，感受人与自然和谐相处的脉脉温情！

帆船之都——青岛

扬帆起航，梦想启程的"帆船之都"
山海相依，拔海矗立的道教名山
芳香四溢，青岛啤酒与世界干杯

一座城市与帆船的约会

这里有世界最美丽的海湾，有世界一流的帆船中心，有对帆船运动执著热爱的青少年，有800万热情好客的市民。

——奥帆委主席夏耕在2008年奥帆赛开幕式上的致辞

伴随着2008年奥帆赛在青岛的成功收帆，"帆船之都"已成为这座城市一张烫金的名片，享誉世界。奥帆赛的成功举办，催生了这个中国现代帆船运动发源地的第二个春天。如今，青岛正借助奥帆赛的契机，打造自己的航海时代。

青岛与帆船运动渊源深厚。早在1904年，德国皇家帆船俱乐部就已开始在青岛汇泉湾举办帆船比赛。新中国成立后，随着国家体委青岛航海运动学校的建立，青岛成为中国航海运动的摇篮。中国海洋大学49人级帆船队首次出征2008年奥帆赛角逐49人级帆船项目，更是具有开创性的意义。

→ "青岛"号帆船

↑青岛奥林匹克帆船中心

作为宝贵的奥运遗产，青岛奥帆中心已华丽转身为一个集帆船运动、旅游观光、休闲购物等功能于一体的青岛新地标。在被称为"最大奥运帆船百科全书"的奥运广场，我们可以看到郑和、哥伦布、麦哲伦等历史上伟大航海家的航行足迹和历届奥运会的举办地、年份及标志等。象征着世界友好和平的旗阵广场和五环雕塑，海天一色中折射出一种积极进取的奥运精神。

青岛国际帆船周

青岛国际帆船周始创于2009年，每年8月的第3个周六开幕，为期两周，引领了社会公众参与帆船体验的热潮，人们学帆船、玩帆船成为社会休闲新风尚。期间的文化活动丰富多彩，除了开幕式，还有以帆船为主题的摄影大赛、夏日沙滩音乐节、文化美食节、体育电影展映等主题活动。

艺术与科技的完美结合，诞生了奥帆大剧场这一宏伟的建筑。整个剧场按照"浪花"与"风帆"相结合的设计理念，充分利用水幕景观、激光艺术、音乐喷泉、海上音乐、焰火、城市夜景亮化等高科技手段，成为一座令人耳目一新的海上实景演艺中心。全海景大型实景演出——《蓝色畅想》是一场运用高科技手段展现青岛独特海洋文化的视觉盛宴。每年7、8月公演，每晚8:00开始，时长70分钟。

↓奥帆大剧场

青岛的夜是浓郁的；奥帆的夜是醉人的。于是有了"夜奥帆"。夜幕降临，霓虹闪烁，青岛的绚烂与时尚尽收眼底。每当此时，"情人坝"便成了情侣约会的地方。这里少了维多利亚港的喧闹，多了一份独享的奢华与浪漫。

泰山虽云高，不如东海崂

　　崂山是我国海岸线上海拔唯一超过千米的高山，因山海相连、山光海色的独特景致而被誉为"海上名山第一"。作为我国著名的道教名山，崂山自古就有"神窟仙宅，灵异之府"之美誉。相传秦始皇、汉武帝曾来此登山求仙，王重阳、张三丰等也多次到访修道。丘处机三顾崂山之后，山中呈现"九宫八观七十二名庵"的繁荣景象。太清宫是如今保存下来的中国规模最大、历史最悠久的道观。

　　大自然的雕琢使得崂山拥有我国东部最罕见的冰碛海岸、冰碛海滩、冰碛小群岛等典型的古冰川遗迹。山海相接处，岬角、岩礁、滩湾交错分布形成了瑰丽的山海奇观。登上崂山俯瞰大海，一边碧海连天，烟波浩渺；一边青松怪石，云雾缭绕，仿若置身人间仙境。

不能不玩的青岛十景

青岛奥林匹克帆船中心	五四广场
青岛啤酒街	东海路景观大道
汇泉湾	崂山巨峰风景区
小鱼山	青岛极地海洋世界
青岛海底世界	金沙滩景区

↓崂山

青岛啤酒：与世界干杯

↓青岛国际啤酒节盛况（青岛啤酒城）

吃蛤蜊，哈（ha）啤酒（青岛人称喝啤酒为"哈啤酒"，是地道的青岛口音）是青岛一道独具生活气息的人文风景。尤其在夏季，路边的烧烤店里随处可见边吃蛤蜊边喝啤酒的人们。再细心观察，还会发现手提散装啤酒行走于大街小巷的男男女女。全国恐怕没有哪个城市会对啤酒如此执著与喜爱。

有人说：青岛是漂浮在两种泡沫上的城市，一种是大海浪花浪漫的泡沫，一种是啤酒激情的泡沫。1903年，英德商人在登州路上创建啤酒厂时，也许不曾想到，百余年之后的青岛啤酒竟承载起青岛乃至中国的光荣与梦想。作为一个与城市同名的啤酒品牌，青岛啤酒早已深深融入这个城市的精神血脉。

青岛啤酒博物馆

青岛啤酒博物馆是国内首家啤酒博物馆，见证了青岛啤酒的百年风雨历程。它坐落在青岛啤酒百年前的老厂区之内。整个博物馆分为百年历史和文化、啤酒生产流水线、多功能娱乐区三个参观游览区域。置身其中，青啤的百年历史便浓缩在眼前。

↑青岛啤酒博物馆

青岛国际海洋节

青岛国际海洋节是中国唯一以海洋为主题的节日。始创于1999年，举办时间是每年7月。海洋节是将海洋科技、海洋经济、海洋体育、海洋文化、海洋旅游、海洋美食等融为一体的节庆活动，承载着青岛人对大海的深情，表达了人们热爱海洋、亲近自然的美好愿望。

夏季的青岛游人如织。最让游客热血沸腾的莫过于赴一场狂欢的啤酒盛宴。始创于1991年的青岛国际啤酒节，在每年8月的第二个周末开幕，为期16天，是亚洲最大的啤酒盛会。来自五湖四海的人们，劲歌热舞，欢聚一堂，盛况空前。1999年青岛国际海洋节和2009年青岛国际帆船周的加入，更将这个城市的狂欢推向高潮。

中国海洋大学

中国海洋大学前身为私立青岛大学，始建于1924年；1988年更名为青岛海洋大学，校名由邓小平同志题写；2002年10月经教育部批准更名为中国海洋大学。一大批国内外知名专家、学者在校治学执教。如中国当代著名作家王蒙，著名画家范曾，以及院士文圣常、管华诗、冯士筰、李庆忠、高从堦、麦康森等。学校现有崂山、鱼山和浮山三个校区，漫步于风景如画的鱼山校区，历史沧桑感扑面而来。蔡元培、梁实秋、闻一多、陈梦家都曾在这里留下足迹。

康有为与青岛

早在20世纪初，青岛便以充满欧陆风情的城市风光享誉东亚。舒适优美的城市环境，使它成为一个名人荟萃和钟灵毓秀之地。1917年，康有为先生初临青岛时，发出了"青山绿树、碧海蓝天，中国第一"的赞叹。晚年移居青岛后，他在一封家书中再一次盛赞青岛："碧海青天，不寒不暑；绿树红瓦，可舟可车。"由此，"红瓦绿树，碧海蓝天"便成为青岛城市风貌最富诗意的写照。

浪漫之都——大连

神奇梦幻，唯美浪漫的圣亚海洋世界
妙趣横生，异彩纷呈的老虎滩海洋公园
千秋各异，大气磅礴的城市广场

梦幻浪漫的圣亚海洋世界

圣亚海洋世界与星海广场、星海公园及东北最大的游艇码头共同组成了大连最具休闲娱乐特色的旅游景区。该景区以展示海洋动物为主，包括圣亚海洋世界、圣亚极地世界和圣亚珊瑚世界3个场馆。这里常年有海豚、白鲸、鲨鱼的表演。曾经以拥有中国第一座海底通道而闻名全国，如今已被打造成为让游客感受惊奇、体验浪漫的情景式海洋主题乐园。游客在此可畅享从"海上进入海底，再从海底回到海上"的奇幻浪漫之旅。自2007年始，大连圣亚海洋世界联合大连电视台、大连市心理医院成功推出"快乐小海豚"活动，旨在应用海豚来辅助治疗患有孤独症的儿童。这也是大连旅游企业首次利用自有馆场及动物资源举办的一项大型公益活动。

异彩纷呈的老虎滩海洋公园

老虎滩海洋公园是大连一道绮丽的海滨风景线，集观光、娱乐、科普、购物、文化于一体，为游客缔造了一个美不胜收的海洋主题乐

→ 梦幻海豚湾超级秀

园。诞生之时，老虎滩海洋公园以其独特的魅力创造了众多中国乃至世界之最。这里曾有世界最大、中国唯一展示极地海洋动物及极地体验的场馆；亚洲最大的以展示珊瑚礁生物群为主的珊瑚馆；中国最大的花岗岩群虎雕塑以及化腐朽为神奇的马驷骥根雕艺术馆；全国最大的半自然状态的人工鸟笼鸟语林等，还有特种电影播放场所四维影院以及惊险刺激的侏罗纪激流探险、海盗船、蹦极、速降等游乐设施，带给游客回味无穷的海洋文化体验。

"天然地质博物馆"金石滩

金石滩浓缩了距今6亿~13亿年间的地质奇观，是一处大自然鬼斧神工雕塑的神奇世界，有玫瑰园、恐龙园、南秀园、鳌滩四大奇石景区。鳌滩内一块呈梅花状的五彩"龟裂石"，被誉为"天下奇石"。此外，金石滩还有大连世界名人蜡像馆、金石赏石馆、毛泽东像章纪念馆、金石缘公园、万福鼎、中华武馆、发现王国主题公园、模特影视艺术中心、狩猎俱乐部、高尔夫俱乐部等。

像花儿一样开放的广场

在中国没有一个城市会像大连这样拥有数量如此之多、面积如此之大的广场。广场让这个城市显得无比大气磅礴。"大连"原本是满语词汇中"嗒淋"一词的译音，其本意是"海滨"或"河岸"。100多年前，一批对法国文化情有独钟的沙俄设计师揣着巴黎的城建图纸来到这里，想在东方再造就一个以广场为主的城市，于是大连便形成了以广场为中心，街道向四面八方辐射的独特城市景观。绿地、白鸽、雕塑、喷泉、圆舞曲，还有英姿飒爽的女骑警，如同一幅幅赏心悦目的风景画，在城市的广场上流动。

↑英姿飒爽的女骑警

↓友好广场

↓星海广场

星海广场

星海广场是亚洲最大的广场，面积比两个天安门广场还要大。巨大的星形广场与大海呼应，有星有海，是星海湾的象征。

人间仙境——蓬莱

瞬息万变，亦梦亦幻的"人间仙境"
负山控海，进退可握的海防堡垒
名甲天下，独具魅力的"东方神话之都"

海市蜃楼皆幻影，身到蓬莱即是仙

东方云海空复空，群仙出没空明中。摇荡浮世生万象，岂有贝阙藏珠宫！

——苏轼

蓬莱，似乎从它诞生的那一刻起，便与神仙文化结下了不解之缘，更成了"人间仙境"的代名词。

传说蓬莱、瀛洲、方丈是海中的三座仙山，为神仙居住之所。然而，这神话传说中的仙山实为海上夏季偶然出现的一种"海市蜃楼"自然奇观。独特的地理位置，使蓬莱海域从古至今频繁出现奇观，并成为当地宝贵的地文资源。

↑ 神龙分海——黄渤海分界坐标

宋代登州郡守朱处约在丹崖山巅首建高阁，并以"蓬莱"名之，使幻化的神山仙境有了依托，人们始称其为"蓬莱仙阁"。蓬莱阁与岳阳楼、黄鹤楼、滕王阁并称为中国古代四大名楼。阁内展出的文人墨宝琳琅满目。阁东是蓬莱水城，为我国最早的古代军港之一；阁西是田横山又称登州岬，是黄渤海分界线的南端，相传汉时，韩信破齐，齐王田横率五百壮士东走，曾筑寨于此，因此而得名。

晋人郭璞有诗云："吞舟涌海底，高浪驾蓬莱。神仙排云出，但见金银台。"正是虚无缥缈、变幻莫测的"海市蜃楼"的生动写照。

晚清，刘鹗在《老残游记》中曾这样描写蓬莱阁："这阁造得画栋飞云，珠帘掩雨，十分壮丽。西面看城中人户，烟雨万家；东面看海上波涛，峥嵘千里。"

↑ 蓬莱阁

海防堡垒：蓬莱水城

　　与蓬莱阁相邻而居的蓬莱水城，负山控海，自古就是海防要塞和海运枢纽。蓬莱水城又名"备倭城"。宋朝时期在此建刀鱼寨，明朝则在刀鱼寨的基础上修筑了水城。水城中的小海，是停泊船只的港湾，当年民族英雄戚继光就在这里操练海军，英勇抗击倭寇，立下不朽功绩，为人们所称颂。历经900多年的风雨侵蚀和海水冲刷，蓬莱水城的雄伟气势丝毫未减，是国内现存最完整的古代水军基地。

　　蓬莱水城由水中城墙环绕而成，南宽北窄，呈不规则长方形。出入海上的地方，建有一座水门，用来设闸蓄水。平时，闸门高悬，船只可随意出入，而一旦发现敌情，闸门便会被放下，切断海上交通。水门两侧各设一座炮台，驻兵守卫，形成了一个进可攻、退可守的完美防御体系。从丹崖山上俯视，水城有"断崖千尺，下临天地"之势。

"武术之乡"

蓬莱自古尚教崇武，至今仍有"武术之乡"的美誉。蓬莱的精武文化可追溯至齐王田横及五百壮士集体殉国的凄绝壮歌，正是这种绵绵不绝的精武之魂，在蓬莱的土地上哺育了戚继光等英雄豪杰。尤其爱国将领于学忠、二炮原司令贺进恒、海军原政委魏金山等蓬莱籍名将，不仅在抗日战争、解放战争中实践着蓬莱精武文化，而且赋予了这种文化新的内涵。

↑戚继光祠堂

↓蓬莱水城

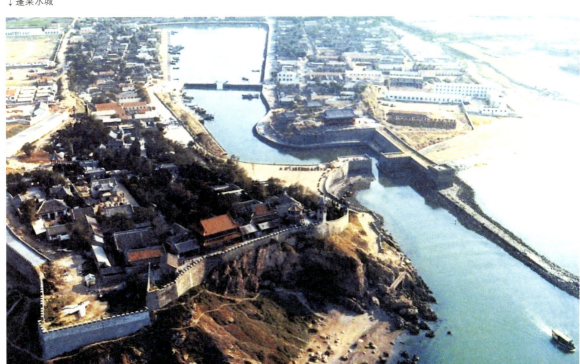

↑ "八仙过海" 图

"东方神话之都"

美丽动人的神话传说给蓬莱披上一层神秘色彩，蓬莱以"东方神话之都"的美誉名甲天下，广为流传的"八仙过海"便源于此。

相传吕洞宾、铁拐李、张果老、汉钟离、曹国舅、何仙姑、蓝采和、韩湘子八位神仙，在蓬莱阁醉酒后，纷纷借助宝物凌波踏浪、漂洋渡海。然而这一举动却惊动了龙宫，八仙与东海龙王发生了冲突。东海龙王请来南海、北海、西海龙王援战。争斗间海上掀起狂涛巨浪，双方打得难分难解。幸好观音菩萨从此经过，经劝解双方才罢战。从此留下了"八仙过海，各显神通"的神话传说。

八仙过海景区

八仙过海景区是以道教文化和蓬莱神话为背景，以八仙传说为主题，突出大海仙山的创意，集古典建筑与艺术园林于一体的旅游胜地。景区如同横卧在海上的宝葫芦，美轮美奂。

↑八仙过海景区

↑蓬莱八仙庙会

蓬莱八仙庙会

蓬莱八仙庙会已有百余年历史，现已发展成蓬莱市传统节日民俗盛会。届时，蓬莱阁景区便游人如织，热闹非凡。

珍珠之城——北海

拥抱珍珠，熠熠生辉的"南珠之乡"
一半海水，一半火焰的涠洲岛
以海而名，银光闪耀的"天下第一滩"

南珠故郡，海角名区

沧海月明珠有泪，蓝田日暖玉生烟。

——李商隐

珍珠作为圆满、纯洁、尊贵的象征，自古就被人们视为奇珍异宝。

早在2 000多年前，优质的"南珠"便作为中国与海外交往的信物，通过"古代海上丝绸之路"始发港之一的合浦运往世界各地，并在国际市场上赢得了"东珠（日本）不如西珠（欧洲），西珠不如南珠（北海）"的美誉。北海的合浦县自古以盛产色泽瑰丽、质地纯净、晶莹圆润的南珠而驰名天下。1992年李鹏总理亲笔为其题词"南珠之乡"。"南珠"现已成为北海一张熠熠生辉的城市名片。

合浦南珠因其独特卓越的品质，成为历朝历代用来供奉皇家的珍品，同时也是当地百姓赖以为生的依靠。一则流传千古的"珠还合浦"的美丽传说更为北海的南珠文化增添了一道神奇色彩。

据《后汉书·孟尝传》载："郡不产谷实，而海出珠宝，与交趾比境，常通商贩，贸籴粮食。先时宰守并多贪秽，诡人采求，不知纪极，珠遂渐徙于交趾郡界。……尝到官，革易前弊，求民病利。曾未逾岁，去珠复还。""珠还合浦"这一成语现也常用来比喻东西失而复得或人去而复回之意。

涠洲岛：一半海水，一半火焰

涠洲岛是广西最大的海岛，也是中国最大、地质年龄最年轻的火山岛。在由《中国国家地理》杂志评选出的中国最美的十大海岛中，北海涠洲岛位居第二，并有"人间天堂，南国蓬莱"之美誉。

在高空鸟瞰，涠洲岛犹如一枚弓形的翡翠漂浮在蔚蓝的大海上。涠洲岛由多次海底火山喷发，岩浆遇海水冷却凝结而成。波浪、海流、潮汐的常年侵蚀使涠洲岛海岸基岩呈现出海蚀洞、海蚀崖、海蚀柱、海蚀窗、海蚀蘑菇等奇异地貌。涠洲岛还拥有中国品种最多的海底珊瑚群。海底世界异彩缤纷，与海上的怪礁奇岩平分秋色。岛上绿荫掩映，风光旖旎，还有天主教堂、三婆庙、关帝庙等众多人文景观。

涠洲岛素有山青、水秀、石怪、洞奇的"四美"之说，特别是世界罕见的海积地貌和火山熔岩景观堪称奇绝。憨态可掬的猪仔岭、栩栩如生的鳄鱼石、泉水叮咚的滴水丹屏、浑然天成

 涠洲岛

↓涠洲岛芝麻滩岩石奇观

的岩石奇观，让游人不得不感叹大自然的鬼斧神工。涠洲岛上还建有各种娱乐设施，是海岛探幽、海上垂钓、浴海拾贝、潜水猎奇的好去处。

汤显祖与涠洲岛

　　400多年前，明代著名戏剧家汤显祖在遭遇贬官"越过梅岭、走向岭南"的辛酸途中经过涠洲岛，他在岛上观看了海上日出、日落的壮丽景观，目睹了合浦珠民的艰辛生活之后写下"日射涠洲郭，风斜别岛洋。交池悬宝藏，长夜发珠光"的动人诗句。

斜阳岛

　　斜阳岛由火山喷发堆积而成，与涠洲岛相距9海里。因在涠洲岛可观太阳斜照此岛全景，又因该岛横亘于涠洲岛东南面，南面为阳，故称斜阳岛。斜阳岛上奇木茂密、怪石嶙峋、静谧安详，岛民热情好客、民风淳朴，又有"世外桃源"之美称。漫步斜阳岛，游客可在此感受到客家人浓厚的原始生活情调。

↑ 北海银滩

北海银滩，天下第一

广西因"北有桂林山水，南有北海银滩"而引以为豪。北海银滩内的沙滩均是由高品质的石英砂堆积而成。在阳光的照射下，沙滩会泛出闪闪银光，故名之为银滩。

北海银滩以"滩长平、沙细白、水温净、浪柔软、无鲨鱼、无污染"的特点而称奇于世，享有"天下第一滩"之美誉。北海银滩度假区由银滩公园、海滩公园、恒利海洋运动度假娱乐中心3个度假单元以及陆岸住宅别墅等组成。

银滩公园内空气清新自然，每立方厘米空气中的负氧离子含量高达2 500～5 000个，是内陆城市的50～100倍。有"自然保健医生"之称的负氧离子具有镇静祛痛、缓解疲劳、加快伤口愈合等功效。因此，北海银滩被人们公认为是度假疗养的好去处，被誉为"中国最大的城市氧吧"。

↑亚洲第一不锈钢雕塑"潮"

雕塑"潮"

"潮"被誉为"亚洲第一不锈钢雕塑"。它屹立于银滩公园内，以一颗硕大的球体和七位裸体少女为主体，还有装有5 000多个喷头的音乐喷泉组成。整座建筑以大海、珍珠、潮水为背景，既彰显出蔚蓝大海的风采，又向世人展示了北海独特的人文风情。每当华灯初上之时，水声、音乐声、涛声与变幻的激光彩灯融为一体，水池里的喷头从不同方位喷射出一条条银色水柱，宛若仙女起舞，气势磅礴。

↓夜幕掩映下的陆岸别墅

海上花园——厦门

天风海涛，琴声乐韵的"钢琴之岛"
城在海上，海在城中的"海上花园"
钟灵毓秀，人杰地灵的"华侨之乡"

↑鼓浪屿

天风海涛，琴声乐韵

鼓浪屿不仅在中国地图上，而且在世界地图上都是一块不可替代的音乐圣地。

——指挥家　陈佐湟

"鼓浪屿四周海茫茫，海水鼓起波浪，鼓浪屿遥对着台湾岛，台湾是我家乡……"20世纪80年代一首家喻户晓的《鼓浪屿之歌》，不知唱出了海峡两岸多少人的心声，也使得鼓浪屿这座浸润着天地灵气的海岛美名远扬。从厦门遥望鼓浪屿，隔着白鹭翩然的厦鼓海峡，一座钢琴造型的轮渡码头便映入眼帘，似乎也在向游客诉说着鼓浪屿与音乐的不解之缘。

从宋元时期至鸦片战争爆发的这数百年间，"日出而作，日落而息"的平静生活使鼓浪屿的先民们能够耳染海浪冲击岸礁时发出的鸣鼓之声，鼓浪屿也因此而得名。宋代理学宗师朱熹

鼓浪屿风琴博物馆

鼓浪屿风琴博物馆是目前国内唯一、世界最大、馆藏最丰富的风琴博物馆。最古老的风琴产于19世纪。最大的风琴有数层楼高，而最小的有如手提行李箱。最庞大的巨型管风琴"凯斯文特"来自美国波士顿教堂，为鼓浪屿风琴博物馆镇馆之宝。

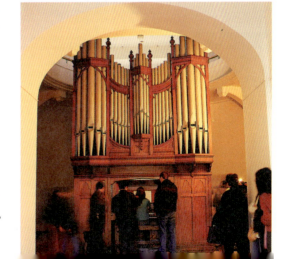

→ 巨型管风琴"凯斯文特"

↑鼓浪屿钢琴博物馆

鼓浪屿钢琴博物馆

鼓浪屿钢琴博物馆位于菽庄花园的"听涛轩",是目前全国唯一一家钢琴博物馆。馆内有稀世名贵的镏金钢琴、世界最早的四角钢琴、最大的立式钢琴、古老的手摇钢琴、产自100多年前的脚踏自动演奏钢琴和8架脚踏古钢琴等。一台1928年美国制造、价值昂贵的"海那斯"钢琴,用一卷卷打孔的古琴谱逼真地弹奏出贝多芬、肖邦、勃拉姆斯的作品。

曾用"天风海涛"来概括其在鼓浪屿的独特感受。天风经年吹拂鸣响,海涛日夜往复吟唱。鸦片战争爆发后,外国传教士带来了"上帝"的教导,也带来了管风琴和钢琴。在这片音乐的沃土上,人均拥有钢琴密度居全国之首。大自然的鬼斧神工以及独有的音乐文化底蕴,成就了鼓浪屿"钢琴之岛"、"音乐之岛"之雅称。

鼓浪屿还是"音乐家的摇篮",有驰名中外乐坛的钢琴家殷承宗、许斐星、许斐平、许兴艾,中国第一位女声乐家、指挥家周淑安,声乐家、歌唱家林俊卿,著名指挥陈佐湟等。正如法国钢琴家米歇尔所说:"鼓浪屿是为艺术而生的。"

鼓浪屿音乐周

鼓浪屿音乐周始创于2002年5月。2008年发展成春、夏、秋、冬四季音乐周。近年来邀请了来自美、德、意、法、俄等多个国家优秀的音乐家前来举办演奏会及音乐讲座。音乐家们在展示不同地域、不同风格音乐作品的同时,也向学生们热心传授各种乐器的演奏技巧,开展交流活动。音乐周让厦门的音乐爱好者不出国门就能领略到各国音乐文化的魅力,从而成长为鼓浪屿独具特色的品牌艺术活动。

风姿绰约的"海上花园"

　　"城在海上，海在城中"是厦门无可争议的海滨特色。远古时，因厦门岛是白鹭栖息之地，故又有"鹭岛"之称。美国前总统尼克松曾将这里与美国的西海岸相媲美，称赞厦门为"东方夏威夷"。独具魅力的海岸线，岛、礁、花、木相互映衬，四季如春，白鹭飞舞，文明洁净，厦门不仅成为风姿绰约的"海上花园"，而且成为影视剧的拍摄基地。唐嫣、戚薇、陈楚河等领衔主演的电视剧《夏家三千金》，关颖、何润东主演的科幻爱情喜剧《基因决定我爱你》，黄渤、九孔主演的喜剧片《疯狂的赛车》，周杰伦的《熊猫人》等都曾取景于此。香港导演王晶更是为这里的风景着迷，便将他的影视工作室设在了厦门。

↑风景秀丽的环岛路

"世界最美的马拉松赛道"环岛路

　　环岛路是厦门国际马拉松比赛的主赛道。赛道本身串起城市的旅游名胜，被誉为"世界最美的马拉松赛道"。每年的比赛盛况经中央电视台直播后，很多爱好者慕名而来。路间的绿化是《鼓浪屿之歌》的乐谱，路旁还有马拉松主题塑像，红色道路的部分只有行人才可以通行。绕着环岛路骑自行车，聆听海浪的声音，海风轻拂，也是一种享受。

钟灵毓秀的"华侨之乡"

厦门作为商旅云集的著名港口，与中国台湾只有一水之隔。古往今来，是许多人"过台湾、下南洋"的重要出海口。正是这种地理位置上的舟楫之便造就了厦门"华侨之乡"的美名。在海外辛苦打拼的生活经历让众多闽南华侨感受到根在闽南的乡愁，从而也加深了热血的爱国情怀。无数贤达英杰，当他们事业有成时纷纷投资支援建设自己的家乡，并深深影响着厦门的发展。

曾被毛主席称为"华侨旗帜，民族光辉"的陈嘉庚先生，一生倾资办教育，他用于教育事业的经费累计达1亿美元，共创办了国内外各类学校118所。为表彰陈嘉庚先生的功绩，1990年11月5日，国际小行星委员会还特别把天空中的一颗小行星命名为"陈嘉庚星"。厦门大学、集美大学两校师生都尊称其为"校主"。华侨博物院、集美学村、鳌园等地的建设都体现了陈嘉庚先生爱国爱乡、无私奉献的伟大精神。然而，陈嘉庚先生自己却一生俭朴、公而忘私，让世人感动。

↑ 厦门大学陈嘉庚纪念馆

↓ 厦门大学

厦门大学

厦门大学由著名爱国华侨领袖陈嘉庚先生于1921年创建，是中国近代教育史上第一所华侨创办的大学，有"中国最美的校园"之称。鲁迅和林语堂曾在这里任教。著名校友有余光中、杨振宁、李政道、李敖、陈景润、连战、易中天等。

南国明珠——深圳

大气磅礴，海上浮动"城市"的前世今生
天生丽质难自弃，大梅沙和小梅沙
五千年华夏文明，叹为观止的都市乐园

↑ "明华轮"

↓ "海上世界" 酒吧街街景

大气磅礴的海上"城市"

在深圳蛇口六湾浅滩上停泊着中国第一座综合性海上旅游中心——"明华轮"。此邮轮由法国建造，原名"ANCEVELLER"。早在1962年，法国总统戴高乐亲自为其下水剪彩并将其作为专用邮轮。这艘邮轮曾出入世界100多个国家的港口，有近百名国家元首和世界名人曾光顾于此。1973年，我国将其买下，改名为"明华轮"。1983年，"明华轮"结束了最后一次航行，抵达蛇口，经改造成为集酒店、餐饮、娱乐等旅游项目为一体的中国第一座综合性海上旅游中心。1984年，邓小平同志视察蛇口时登上"明华轮"，挥笔为其题词"海上世界"四个大字。

如今，"海上世界"不仅是深圳蛇口改革开放光辉历程的见证，也是深圳标志性的旅游观光之地，并深深融入到这座城市的文化之中。

"海上世界"

"海上世界"是深圳"吧"文化的发源地。1987年，一位叫罗撒的外国人在太子路迎晖阁的底层开设了一家私人俱乐部性质的酒吧，名叫"蛇窝"，这便是深圳的"第一吧"。如今，从"海上世界"广场起，沿着太子路、海景广场、碧涛中心、迎晖阁、迎朝阁，直到南海酒店，众多弥漫着异国风情的酒吧散布其间。深圳的夜晚与酒吧息息相关，静谧与热闹、粗犷与细腻、杂乱与雅致、摇滚与古典、跃动与慵懒、清醒与梦幻这些充满悖论的词语交织在一起，构筑了气质独特的"吧"文化。

↑ "明思克"号航空母舰

　　相比于"明华轮"，"明思克"号航空母舰的命运可谓一波三折。1995年，由于财政紧张，俄罗斯太平洋舰队将"明思克"号航空母舰当废铁卖给了韩国，但在经历了1997年的亚洲金融风暴后，韩国又将其廉价转让给中国。这艘废旧巨轮在经过中国工人的修复之后，于2000年驶向深圳大鹏湾，于是便有了今天停泊在沙头角海滨，世界上目前唯一的由4万吨级的航空母舰改造而成的集旅游观光、科普和国防教育为一体的大型军事主题公园。"明思克"号甲板的总面积有3个标准足球场那么大，有2 000多间独立的舱位密布其间，是一座名副其实的"海上浮动城市"。

大梅沙和小梅沙：天生丽质难自弃

大梅沙和小梅沙共同向人们展现了南中国海的独特魅力。

大梅沙拥有深圳最长的海滩，以"海水清澈，沙滩广阔，沙质细软"著称，是深圳八景中"梅沙踏浪"的主要组成部分。海滩上的主题雕塑，是大梅沙欢乐的象征，记录着当年"漂一代"独闯深圳的青春梦想。大梅沙娱乐场内设有沙滩跑马、水上快艇、索道滑水及露天歌舞、烧烤等休闲项目。

小梅沙三面环山，一面靠海，一弯新月似的沙滩静卧在苍山碧海之间。秀山美水、阳光沙滩、椰风海韵赠与了小梅沙天然的灵气与生机。

↑ 大梅沙沙滩

← 小梅沙沙滩

深圳海洋世界

深圳海洋世界坐落在小梅沙海滨旅游区内，以"八馆两园，十七套节目"为展示主体，并包括海洋乐园、海洋广场、海底隧道、触摸池、海龟岛、钓虾池、情侣廊和内湖等景观，是目前国内园区规模最大、展馆最多、海底特色节目表演最丰富、娱乐参与性最强的海洋文化主题公园。

叹为观止的大型主题公园

成为经济特区之后，深圳华侨城集团以"让世界了解中国，让中国了解世界"为宗旨，新建了一批具有中国特色、并享有国际盛誉的大型主题公园，如"世界之窗"、"锦绣中华"等，吸引了国内外众多的游客，令人叹为观止。

↑世界之窗

世界之窗

1994年2月28日，江泽民同志为"世界之窗"题写了园名。"世界之窗"集世界文明之大成，将世界奇观、历史遗迹、古今名胜、自然风光、民居、雕塑、绘画以及民俗风情、民间歌舞表演等景观汇集园内，共分为世界广场、亚洲区、大洋洲区、欧洲区、非洲区、美洲区、雕塑园、国际街八大景区。

↓锦绣中华微缩景区里的微缩景观

锦绣中华微缩景区

锦绣中华微缩景区是华夏5 000年历史文化和960万平方千米锦绣河山的荟萃和缩影，也是目前世界上面积最大的实景微缩景区，生动再现了中国各民族风格迥异的建筑、生活习俗和风土人情。"一步迈进历史，一日畅游中国"是锦绣中华的生动写照。

东方之珠——香港

华丽绚烂，醉在维多利亚港
质朴原始，旧渔港时代的风情
活色生香，美食之都与购物天堂

醉在维多利亚港

维多利亚港的变迁如同近代中国半殖民地半封建社会历史的一面镜子。回顾百年历史，英国人给香港带来了西方的科学、技术与文化。中西文化的交织塑造出了今天风光无限的维多利亚港。

维多利亚港是中国第一大海港，世界第三大港，仅次于美国的旧金山港和巴西的里约热内卢港，被美国《国家地理杂志》列为"人生50个必到的景点"之一。

维多利亚港的夜景与日本北海道函馆和意大利那不勒斯，并称为"世界最美三大夜景"。每当夜幕降临，维多利亚港便绽放出它的华丽与绚烂。此时，登上太平山顶，沿尖沙咀海滨花园上的"星光大道"或湾仔金紫荆广场海滨长廊漫步，抑或搭乘观光渡轮，都是一睹醉人夜色的绝妙方式。

全球最大型灯光音乐汇演"幻彩咏香江"

"幻彩咏香江"已被列入吉尼斯世界纪录。每晚8:00透过港岛和九龙的40多幢建筑物变身成为声光交织的表演舞台，缤纷跳跃的灯光、充满节奏感的音乐以及旁白互相配合，令香港的夜景更加璀璨耀目。汇演共5个主题，以"旭日初升"做序幕，接着是"活力澎湃"、"继往开来"和"共创辉煌"，最后以"普天同庆"压轴。

↓ 维多利亚港夜景

离岛：旧渔港时代的风情

离繁华闹市区大约10分钟的车程，会进入另一个世界，一个人与自然和谐相处的世界，这就是香港的离岛。这里的大部分自然环境和名胜未受到都市化影响，依然保留了香港最原始的景象。在香港本岛上难觅的昔日渔港时代的风情，你都可以在离岛上拾回。大屿山是香港最大的离岛，这里的宝莲禅寺作为佛教圣地，四季香火繁盛，风光如画；西北端的大澳渔村，洋溢水乡风情，成为摄影爱好者的天堂，那祥和静谧的画面能让纷繁的心情得到彻底的放松。

青马大桥

青马大桥于1992年开始兴建，5年时间建成，横跨青衣岛和马湾，与汲水门大桥一起，犹如两道彩虹，成为香港著名的观光景点。

↑ 正在劳作的离岛渔民

↓ 青马大桥

活色生香的美食之都与购物天堂

在香港，辛辣的泰国汤、香浓的印度咖喱、香嫩的韩国烧烤、鲜美的日本寿司等美食遍布街头，是名副其实的集世界美食于一地的亚洲"美食之都"。因毗邻广东，香港的主流饮食大都以粤菜为主，其中由粤菜师傅巧手烹制的海鲜美食口感丰富、色香味俱全，堪称香港一门独特的饮食艺术。西贡、鲤鱼门、南丫岛等地是香港欣赏海景和品尝海鲜的旅游胜地。临海露天海鲜餐馆的鱼缸内养着螃蟹、贻贝、大虾、鲜蚝等新鲜海产品，顾客可以现点现捞，并由粤菜师傅按照客人的喜好现场烹制，滋味美妙，回味无穷。

香港自古就是自由港，货币在这里自由流通，贸易自由。得天独厚的优势使香港成为名副其实的"购物天堂"。铜锣湾、中环、旺角、尖沙咀等豪华的商业区内，各种世界顶级品牌应有尽有，而且价格公道，并可享受退税。此外，香港还有各种露天集市、夜市等，物品齐全，琳琅满目。

↑铜锣湾时代广场

↓香港海洋公园

香港海洋公园

香港海洋公园是世界最大的海洋公园之一，拥有东南亚最大的海洋水族馆及主题游乐园。其建筑分布于南朗山上及黄竹坑谷地。山上以海洋馆、海洋剧场、海涛馆、机动游戏为主，山下则有水上乐园、花园剧场、金鱼馆等。

以妈祖而名——澳门

源远流长，备受恩泽的妈祖文化
风格各异，气势如虹的跨海大桥
声色喧哗，犬马刺激的"东方蒙特卡洛"

慈悲博爱的海上女神

"你可知Macao，不是我真姓，我离开你太久了，母亲……" 1999年12月20日，伴随着闻一多先生《七子之歌》的吟唱，澳门终于回到了祖国母亲的怀抱。400多年欧洲文化的洗礼以及中西文化的交汇融和，使澳门成为一个极富异国情调的城市。

澳门这个城市的名字与妈祖之间有着十分密切的联系。据西方史籍记载，1557年，葡萄牙人首次在妈祖庙附近登陆时，向当地人询问这里的地名，当时岛民见葡人指着小庙，就顺口回答："妈阁"，葡人把它音译为葡文"Macau"，于是，澳门便被命名为"Macau"或"Macao"。不想这个译名竟一直沿用至今，由此可见澳门与妈祖之间深厚的渊源。千百年来，澳门人已把她塑造成慈悲博爱、护国庇民、可敬可亲的海上保护神。

澳门妈祖信仰的形成

妈祖的原型是北宋福建莆田湄洲岛上的一位名叫林默娘的民间女子。千百年来，人们对她的身世赋予很多神奇的色彩。传说她会观测天象，能够预知海上风浪，使当地渔民免去了很多海难。历代王朝为了借助妈祖神力护国安邦，便以其"已死犹能效国功"为由，不断对其进行褒封。朝廷封赐与民间信仰的相互作用，确立了妈祖作为"海上女神"的地位。澳门民间对妈祖的崇拜，也表现了澳门与闽粤沿海居民妈祖信仰一脉相承的关系。

↑澳门妈祖阁

妈祖文化不仅是澳门历史文化的重要组成部分，也是澳门人的精神寄托。澳门人普遍认为：500年来，是妈祖娘娘以慈悲博爱的胸怀，使澳门成为一个东西咸集、顺济安澜的避风良港。因此人们向她顶礼膜拜，祈求庇佑。矗立在澳门最高的路环岛叠石塘山山顶上的汉白玉妈祖雕像，身高19.99米，寓意澳门在1999年回归中国。

← 澳门汉白玉妈祖像　　↑澳门妈祖文化旅游节盛况

澳门妈祖文化旅游节

　　澳门妈祖文化旅游节始办于2003年，为期4天左右。旨在加强澳门与中国内地、中国台湾及东南亚地区的文化交流和旅游合作。举办的时间是海上和平女神妈祖羽化升天的周年纪念日，又是九九重阳节。主要庆祝活动包括妈祖神像大巡游、开幕仪式、祭祀仪式、澳门宝鼎安放仪式、妈祖文化研讨会、文艺晚会及文娱表演等。

↑澳凼大桥

气势如虹的跨海大桥

澳门有三座跨海大桥。澳凼大桥是第一座跨海大桥，位于澳门半岛与凼仔岛之间。由葡萄牙桥梁专家贾多素设计，1974年正式通车。大桥因造型奇特、富有现代节奏感而成为澳门八景之一。大桥原以澳督的名字命名为"嘉乐庇大桥"，但因澳门人习惯称之为澳凼大桥，便取而代之。

由于澳凼大桥只有一条双墩往返车道，桥上交通经常拥挤不堪，而大型货车及泥头车（一般代指工地上、建筑类用车）的长期往来，也会影响大桥的寿命，所以澳门政府便决定另筑一座新桥，于是就有了连接澳门半岛与凼仔岛的第二座跨海大桥。大桥的主桥全部位于波涛汹涌的大海上，仿若一条游龙，伸向海湾彼岸，亦是中葡友谊的象征，故将其命名为"友谊大桥"。大桥全长4 700米，是澳门最长的一座跨海大桥。

2005年初正式启用的西湾大桥，是澳门第三座跨海大桥。相比于前两座大桥，西湾大桥更具有实用价值。西湾大桥因其古色古香、恬淡优雅的环境，以及周边齐全的餐饮娱乐设施而成为澳门的新地标。

"东方蒙特卡洛"

澳门向来有"赌埠"之称，博彩业在澳门最早可追溯至19世纪中叶。直到20世纪，西方博彩游戏传入澳门，融合了本土的赌法，才形成一个多元化的博彩架构。澳门也因此被称为"东方蒙特卡洛"。

澳门的博彩业主要有三种形式：幸运博彩；押注于跑狗、回力球及赛马车；彩票(包括白鸽票)。幸运博彩已有百年历史，最受人们欢迎，在博彩业总收入中占90%以上。澳门把赌场称为"娱乐场"。1970年落成的葡京大酒店，就以其赌场最引人注目。澳门缺少土地，但却修建了一个规模很大的赛马场，报纸几乎每天都刊登"马经"等内容。

世界四大赌城

拉斯维加斯，世界四大赌城之首，也是美国最古老的赌城；美国大西洋城；摩纳哥蒙特卡洛；中国澳门。

↓澳门葡京娱乐场

外国海滨旅游城市

　　填海造陆的杰作——东京湾，上演着浪漫唯美的剧情；加勒比海岸的彩虹之城坎昆，架起人们幸福美好的假期；最不像非洲城市的开普敦，是野生动物的温馨家园……漫步于外国海滨城市，体验不同国度的异域风情！

海上奇迹——东京

填海造陆，璀璨夺目的东京湾
依山傍海，东京人的度假天堂
刹那芳华，凄美动人的樱花祭

奇迹东京湾

　　我国自古流传的"精卫填海"的美丽传说，如今已成为世界各地屡见不鲜的现实。日本，堪称众多填海造陆国家中的典范。作为世界上第一个依靠人工规划而缔造的湾区——东京湾，是日本在经济快速成长时期向大海要土地的一个杰作。

　　20世纪80年代，日本政府为解决国土资源紧缺的问题，决定填海造陆，营造国际一流的海湾生态圈。日本人独特的填海方法既解决了城市的垃圾处理问题，又创造了一片现代时尚的新地标。东京湾内的人工岛众多，其中最著名的是台场海滨公园。园内拥有东京唯一的沙滩，是人们欣赏海岸风光，享受阳光的好地方。公园里还修筑了许多现代化的商场和娱乐设施，如著名的东京铁塔、世界第三座自由女神像、欧式风格的商业街、日航酒店等。夜幕降临时，横跨于东京湾之上，连接台场与陆地的彩虹大桥，更是璀璨夺目，唯美浪漫。

↑台场海滨公园的自由女神像是世界第三座自由女神像，另外两座分别位于美国纽约和法国巴黎

↑坐落于东京湾畔的东京迪士尼海洋是一座以海洋传奇为灵感的迪士尼主题乐园

↑东京湾夜景

热海：东京人的度假天堂

日本独特的地理位置，成就了它星罗棋布的温泉资源，并享有"世界温泉王国"之美称。距离东京最近的热海是近年来备受人们喜爱的温泉度假胜地。热海依山傍海，位于伊豆半岛之上。泡温泉、赏海景、吃海鲜是热海度假不变的主题。这里是很多东京家庭周末或短途旅行的首选地。热海也因此被誉为"东京的内厅"。

大约1 500年前，热海附近的居民发现有热水从海中喷出，海中的鱼虾皆被烫死，人们便将这片"沸热的海"命名为"热海"。江户时代，幕府将军德川家康来此地泡温泉，从此热海温泉闻名遐迩。

热海温泉拥有300多口泉眼，有很多是喷出大量热水的"大汤间歇泉"。大大小小的温泉家庭旅馆和温泉饭店遍布其间。选择一间面海的房间，便可欣赏山海相连的浪漫景色，而最不能错过的美景是唯美大气的海上日出。

日本人和温泉

日本人之所以青睐温泉，是因为他们相信温泉有"三养"：恢复疲劳的"休养"，保持健康、预防疾病的"保养"，以及治疗疾病的"疗养"。在日本有一句流行语，叫做"酒喝三家，沐浴三次"。这也是日本最为流行的大众文化休闲度假方式。

↓小巧古朴的热海温泉

↑热海海上日出

↓精致的日本料理

日本料理

日本料理是世界公认的烹调最为一丝不苟的国际美食，主要分为本膳料理、怀石料理和会席料理三类。其最大的特点是以鱼、虾、贝类等海鲜为烹食主料，讲究触觉、视觉、嗅觉以及器皿和用餐环境搭配的意境，口感清淡、加工精细、色泽鲜艳。在日本，曾用"吃到破产"来形容日本料理的美味。

樱花：刹那芳华中的永恒

　　作为国花，樱花是日本人最钟爱的花，最能代表日本人的精神气质。日本有句谚语"樱花七日"。在轰轰烈烈的绽放之后，又在最灿烂的时刻决然逝去，留给人们无尽的感伤，所以樱花凋零的瞬间，最能给人以心灵的震撼。只有感受到这种残缺的悲怆之美，才是赏樱花的至高境界。

　　日本人将赏樱花叫做"花见"。从最初7世纪时的皇室观赏樱花流传至今，赏樱花已经成为日本人生活中必不可少的习俗。每年的樱花时节，日本举国上下都会举行隆重的"樱花祭"。东京的赏花名所众多，历史悠久。然而大家最熟悉的莫过于鲁迅先生笔下的上野公园了。上野公园内樱树繁密，多达1 300多株，每年三四月份樱花盛开之时，风过之处，犹如空中飘洒了粉色的樱花雨。上野公园中的千鸟之渊是日本人喜爱的观樱场所，湖边的山坡上，一片一片的樱花，粉若云霞，与碧绿的湖水相映成趣，恰似一幅淡淡的水墨画。

↑ 樱花盛开的上野公园，远处的富士山清晰可见

↓ 身着和服参加"樱花祭"的女孩

狮城——新加坡

清丽曼妙，优雅动人的圣淘沙
五光十色，精彩纷呈的码头之夜
和谐共存，海纳百川的"文化大熔炉"

"欢乐宝石"圣淘沙

圣淘沙岛似乎继承了新加坡"花园城市"的味道，然而相比于新加坡市区，它更像是一个安静的世外桃源。这里曾经是一个小渔村，英国占领之后将其改造成军事基地，新加坡将其收回之后又把它变成一个休闲度假胜地，并赋予其"圣淘沙"这个名字（在马来西亚语中，"圣淘沙"是和平安静的意思）。

圣淘沙海滩由宁静雅致的丹戎海滩、最接近赤道的巴拉湾海滩以及动感十足的西乐索海滩组成。这里白沙铺地，棕榈树成林。圣淘沙又因有着缤纷多彩的娱乐设施和休闲活动项目，深受游客们喜爱，被誉为"欢乐宝石"。无论是白昼还是夜晚，圣淘沙都会把自己的美丽和快乐传递给游客，让来到这里的每一位客人都陶醉在岛上优美的时光里。

↑圣淘沙岛上的鱼尾狮爸爸雕像

鱼尾狮公园

鱼尾狮公园位于新加坡河河口，是新加坡最小的公园，面积只有0.007 1公顷。公园的主题便是屹立在安德逊桥旁边的"鱼尾狮"雕像，由雕刻家林浪新先生和他的两个孩子设计完成。鱼尾狮像后面的场地上有4块石碑，碑文讲述了鱼尾狮象征新加坡的故事。新加坡共有3座鱼尾狮雕像，仿若一家三口，矗立在圣淘沙岛上的那座最大，所以被认为是鱼尾狮爸爸，而鱼尾狮公园内的则被称为鱼尾狮妈妈和鱼尾狮宝宝。

↓美丽的圣淘沙海滩

"狮城"名字的由来

　　新加坡既是一个岛国，也是一座城市。据马来史籍《马来纪年》记载，12世纪前，印尼苏门答腊的一位王子在新加坡河口上岸时，看见一头神奇的猛兽，形状怪异，有人告知像传说中的狮子，便称这里为"狮城"。新加坡则取自梵语"狮城"的谐音。如今矗立在新加坡河口的"狮头鱼尾"雕像，其设计灵感也来源于这个传说，它是新加坡的象征。

五光十色的码头之夜

　　克拉码头是体验新加坡夜生活的绝佳去处。克拉码头原本是新加坡贸易中心的货物集散地，如今变成了搭载人们游览夜景的观光地。克拉码头原来的60家仓库也发展成为酒吧和俱乐部等夜店汇聚地。这些地方弥漫着节日的气氛，如克拉码头著名的沙爹俱乐部的现场音乐表演等，五光十色，热闹无比。从克拉码头乘游船穿过新加坡河，除了随心所欲享用美食外，还可以近距离欣赏滨海艺术中心、鱼尾狮像、赌场社区、新加坡主要金融建筑等景观，感受别样的夜晚风情。

↓克拉码头夜景

多元文化的大熔炉

　　新加坡是一个移民国家。最早我们的祖先乘着从福建厦门南下的第一艘船舶抵达新加坡之后，就在新加坡河以南的地方定居。新加坡的文化结构中最主要的是中国文化、马来西亚文化和印度文化。在新加坡要庆祝4个新年：元旦、华人的农历新年、马来西亚人的开斋节以及印度人的屠妖节。不同文化间的交流与碰撞，带给新加坡的不仅是经济的繁荣，还有文化的多元。佛教、伊斯兰教、基督教、印度教、儒家文化等在新加坡共生并存。各种文化的相互渗透，使新加坡这个小岛，成为名副其实的"文化大熔炉"。

　　漫步新加坡街头，你不仅可以听到印度语、马来西亚语、泰国语和英语，还能听到字正腔圆的汉语。牛车水是新加坡的唐人街。最热闹的时候便是华人农历新年期间，届时，华人按照自己的传统习俗穿着打扮，牛车水里张灯结彩，喜气洋洋，而其他民族也可以跟着放假，感受一番别样的文化风情。

↓牛车水里热闹的中国年

"南半球纽约"——悉尼

浑然一体，相得益彰的海上建筑

现代繁华，南半球上的英美风情

通德履信，四海一家的民族拼盘

自然生长在海边的建筑

悉尼似乎是个天生就与海洋浑然一体的城市。这里所有的建筑都像是从海边自然生长出来的。悉尼歌剧院、悉尼海港大桥、达令港、悉尼港无一不是矗立在海边，互为点缀或背景，彼此间和谐一致，相映成趣。正如悉尼歌剧院的设计者约恩·乌松所提倡的设计理念：建筑仿佛是从周边的环境中自然生长出来的。

早在20世纪50年代，澳大利亚政府就开始筹备修建一座歌剧院。1955年起公开向世界各地征求设计方案，最终选取了来自丹麦的建筑师约恩·乌松以一个橘子为灵感的设计图纸。这座被誉为20世纪最具特色的建筑之一的悉尼歌剧院，不负众望，不但成为了澳大利亚的象征性标志，而且成为了全世界最大的表演艺术中心之一。

达令港

达令港也被译为"情人港"，是用来举行重大会议和庆典的重要场所，也是一个适合全家一起游玩的亲水娱乐港，各种各样的娱乐设施，应有尽有。此外还有海洋博物馆、水族馆、赌场等。达令港每天从早到晚都有不同的娱乐节目，如大型的文化表演、烟花汇演以及街头戏剧等。

悉尼歌剧院，不仅是悉尼文化艺术的高雅殿堂，更是悉尼灵魂的代表。从远处眺望，悉尼歌剧院仿佛一片片漂浮在悉尼海湾上硕大洁白的贝壳，又宛如一艘整装待发的帆船。白色贝壳状穹顶是由100多万片瑞典陶瓦铺就而成，不畏惧海风的侵袭。这里每年都要举办交响乐、室内音乐、歌剧、舞蹈、合唱、流行乐、爵士乐等大约3 000场艺术表演，浩瀚的大海与精彩的演出在悉尼歌剧院内汇合成一篇篇气势磅礴的华美乐章。

↓悉尼歌剧院和悉尼海港大桥如姐妹般相互守望

南半球上的英美风情

悉尼像一个穿着美国服装的英国姑娘。

——马克·吐温

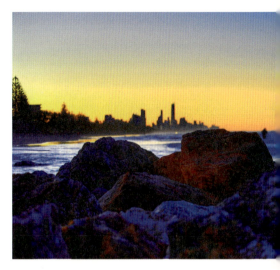

漫步在悉尼的伊丽莎白大街或是乔治大街，鳞次栉比的摩天大楼、繁华斑斓的大型商场，会让你感受到这座澳大利亚最大、最古老的城市正日益成为国际化大都市的强大气派。从外观上，人们似乎看不出悉尼与其他西方城市有什么区别。这里到处都带着"日不落"帝国强盛时的印记，到处都有维多利亚女王和从前英国总督的雕像，纵然摩肩接踵的现代化大楼也依旧无法遮挡古老维多利亚式建筑的璀璨光芒。

↑悉尼岩石区海滨

悉尼海港大桥

悉尼海港大桥与悉尼歌剧院隔海相望，是连通港口南北两岸的重要桥梁，号称世界第一单孔拱桥。当地居民称其为"衣服架"，也是世界上唯一一座允许游客攀爬到拱桥顶端的大桥。在距离水面147米的海港大桥顶端眺望整个城市，绝对是让人为之震撼的体验。

　　220多年前，这里曾荒无人迹。1787年，英国的菲利浦船长经过250天漫长的海上航行，终于抵达澳大利亚，他用当时英国内务大臣"悉尼子爵"之名将首次落脚的港湾取名为"悉尼湾"，并在这块砂岩海角上翻开了悉尼建设的历史新篇章。于是，悉尼成为英国在澳大利亚建立的最早的殖民地。然而随着大批移民的涌入，经过了两个多世纪的艰苦开掘与精心经营，悉尼现已成为澳大利亚最繁华、最现代化的城市。因悉尼与纽约有着相似的城市发展轨迹，所以悉尼又有"南半球纽约"之称。

　　作为澳大利亚第一批欧洲移民登陆点的岩石区，最典型地呈现出了悉尼这种英美风情的独特气质。漫步岩石区，不仅可以欣赏建筑古迹，追溯悉尼的成长轨迹，还可以在弥漫着阳光和海风的临海餐厅内畅饮啤酒，品尝美味海鲜。

↓悉尼岩石区风光

"民族的大拼盘"

　　自英国殖民者踏上澳大利亚这片美丽的土地之日起，随之而来的有世界120多个国家、140多个民族的移民先后到澳大利亚寻找新的生活。多民族文化的相互碰撞与融合是澳大利亚典型的社会特点。曾有社会学者形象地将这个移民国家比喻为"民族的大拼盘"。而悉尼往往是各国移民进驻澳大利亚的首选目的地。在悉尼到处可见亚洲人的面孔，中国广东话已成为仅次于英语的第二语言。

　　与世界上其他地方的唐人街不同，悉尼唐人街位于悉尼市区中最繁华的地段。在这里，中国式的茶馆、酒楼比比皆是；普通话、广东话、海南话，处处可闻；川流不息的人潮中，华人随处可见。中餐馆、中医中药行、中国书店等地方，均用汉字写着醒目的招牌。在唐人街德信街道的两端，各竖立着一座绿瓦红椽、玲珑精致的中国式牌楼。牌楼的横额上，分别写着"通德履信"和"四海一家"八个金光闪闪的大字。行走至此，往往会让人产生一种错觉，辨不清身在何方。悉尼的唐人街将中华文化发扬得淋漓尽致，从而也说明中澳两国人民之间的深厚友谊。

悉尼唐人街

　　19世纪中期，华人们首次以契约华工的身份聚集在悉尼的一个角落里。经过百年的社会变迁，当初这个不起眼的小角落，现已发展为南半球最大的唐人街。这里也不再是仅供华人一解乡愁的地方，还是悉尼一个非常重要的商业和旅游中心。

↓悉尼唐人街

绿宝石城——西雅图

森林环抱，绿意盎然的"绿宝石城"
温馨别致，香飘满城的咖啡之都
倾注教育，巨头云集的智慧之城

被海洋性气候泽被的"绿宝石城"

很多人爱上西雅图，是因为那部浪漫的影片——《西雅图夜未眠》。于是电影海报上的那段宣传语也就成为这座城市最美丽的注脚："如果那个你从未遇到、从未见过、从未认识的人，却是唯一属于你的人，那么，你将怎样？"这座雨季漫长、空气潮湿而暧昧的城市，似乎正向人们诠释了人与人之间那种微妙的际遇。

西雅图地处太平洋沿岸，属于典型的海洋性气候，多雨、湿润。正如电影中的台词："西雅图一年有9个月都在下雨。"在充足雨水的滋润下，这里的花草树木都生长得十分旺盛。世界各地似乎再没有哪个城市能像西雅图这样，整个城市都被森林所覆盖，到处郁郁葱葱、绿意盎然。海洋性气候的泽被，使它拥有了"雨城"、"常青城"、"翡翠之城"、"绿宝石城"等众多美称。

很多到过西雅图的人都会觉得"西雅图是个十分容易让人亲近的城市"。西雅图虽然地势不高，但却拥有古老的冰川、活跃的火山和终年积雪的山峰。森林、湖泊、河流、草地将西雅图分割成一个个生机盎然的小花园。这里没有大都市的喧哗，更多的是一份悠闲和宁静。

> ### "西雅图"名字的由来
>
> 1851年，一队来自北美地区的印第安探险者发现，西雅图的木材和水资源十分丰富，便决定在此定居，并依靠着打猎和捕鱼过着自给自足的部落生活。后来西雅图的拓荒者为了感谢和纪念原住民希尔斯酋长对他们的帮助，便使用酋长的名字为这个新生的城市命名。

满城飘香的咖啡

还有很多人爱上西雅图，是因为迷恋这里的咖啡。咖啡，对于西雅图人来说就如同阳光、空气和水。尽管世界上公认的最好的咖啡豆是在非洲，最出色的咖啡享受是在意大利，但是把咖啡变成一种全世界文化的却是西雅图。

"星巴克"名字的由来

星巴克，最早是来自19世纪美国作家赫尔曼·梅尔维尔的小说《白鲸记》一书中视咖啡如命的主人公的名字，小说讲述的是一个19世纪海上捕鲸的故事。

对于热爱喝咖啡的人来说，星巴克(Starbucks)的名字并不陌生。1971年，杰拉德·鲍德温和戈登·波克在西雅图的派克市场1912号，开设了世界上第一家咖啡豆和香料的专卖店星巴克公司。这里至今还用着最初的标识。精心挑选世界上最优质的咖啡豆，为那些在海上饱受寒风侵袭的人们送上一杯温暖的慰藉，星巴克，这个本身带有海洋渔业特点的名字仿佛是为西雅图人量身定做的。可以说，是星巴克开启了西雅图人温馨的咖啡生活，同时也让世界各地的人们与咖啡结缘。

清新优美的城市风光，咖啡店里飘荡的咖啡浓香和轻松的音乐，还有伫立在街道间典雅的精美建筑，让人怎能不被这种独有的浪漫所感染？

↓世界上第一家星巴克

↑星巴克的logo充满了海洋的味道

← 派克市场的飞鱼表演

派克市场

　　派克市场是西雅图拥有上百年历史的农贸市场，但这里的独特之处在于其销售方式，人们贩卖的是一种快乐的生活方式。很多人来这里并不只是为了买海鲜，更多的是为了获取快乐。这里最吸引人的是"飞鱼表演"。据说这种表演已作为"成功学"被拍成录像，用来教授人们怎样快乐地生活和工作。

最"智慧"的城市

　　西雅图被认为是美国最"智慧"的城市。据美国的调查统计，西雅图的人口只有60万，但其中有52.7%的人拥有学士学位，20.5%的人拥有硕士以上学位。森林环抱，咖啡飘香的西雅图孕育出了波音飞机、微软和亚马逊等世界级的高科技巨头品牌，让人不得不对这座城市心生敬仰和感叹。

↑ 微软在西雅图的总部

波音航空博物馆

　　波音航空博物馆是美国西海岸最大的航空博物馆。它展示了波音飞机从无到有、从小到大的发展历程；收藏了莱特兄弟发明的第一代飞行器、一些其他代表型号的飞机以及各种战斗机等。

→ 波音航空博物馆

梦幻水城——威尼斯

波光潋滟，纵横交错的梦幻水城
五彩斑斓，晶莹剔透的"威尼斯之花"
随性自然，激情洋溢的假面狂欢

波光潋滟的梦幻水城

几乎所有有趣的、吸引人的、伤感的、难以忘怀的、奇特的东西造就了今日的威尼斯。

——法国小说家　马塞尔·普鲁斯特

威尼斯古城历史悠久，大约建于452年。14世纪前后，威尼斯就被誉为整个地中海最著名的集商、贸、游于一身的水上都市。

威尼斯"因水而生，因水而美"。水是威尼斯的灵魂。全城有118个岛屿、177条运河以及404座大小不一的桥梁，所以威尼斯又享有"百岛城"、"水上都市"、"桥城"等众多美称。威尼斯所有的诗情画意、万种风情都离不开水的浸染。莎士比亚的《威尼斯商人》、歌德的《意大利之旅》和朱自清的《威尼斯》等众多文学名著都曾详尽描写过威尼斯的迷人风情。

波光潋滟的水面，迷宫般纵横交错的水巷，月牙形的"贡多拉"……都赋予它无尽的梦幻之感和灵动之气。在这里，你几乎分不清建筑在水上，还是水围绕建筑而流。夕阳西下、月上黄昏之时，乘坐一只"贡多拉"，沿着千曲百折的水道，伴着船夫高亢的意大利民歌，踏歌随行，会让你真正感受到这座水上都市的灵魂所在。

↓ "贡多拉"

"贡多拉"

"贡多拉"至今已有1 000多年的历史。这种装饰华美、两头高翘呈现月牙形的黑色平底船是威尼斯独具特色的交通工具。十五六世纪的"贡多拉"造型精美，名门贵族以此炫耀门第、互相攀比。为了遏制这种奢靡的风气，威尼斯政府在1562年颁布了一条法令，规定所有的"贡多拉"必须漆成黑色，并且统一了它们的样式。这一传统一直被保留下来，如今的贡多拉也是统一的黑色，只有在特殊场合才会被装饰成花船。

↑莎士比亚笔下的利亚德桥

↓叹息桥

　　除了温婉梦幻的水，威尼斯的桥也令人魂牵梦萦。水和桥交相辉映，相濡以沫，共同构成了威尼斯独特的水上风情。威尼斯有404座桥，这些桥造型千姿百态、风格迥异。有的如游龙，有的似飞虹，有的庄重，有的小巧。这里有大文豪莎士比亚的文学巨著《威尼斯商人》中情景的发生地利亚德桥。而众多桥中最著名的是叹息桥。也许叹息桥承载了太多的忏悔与叹息，所以人们便把它改为温情的喜剧，于是有了另一种更为大家所熟知的说法：如果情侣能在叹息桥下拥吻，那么他们的爱情将会永恒。这里每年都会有来自世界各地的恋人到叹息桥下热情接吻，以期望他们的爱情能够天长地久。

"叹息桥"名字的由来

　　据说被总督府判处死刑的犯人，在走向刑场时都必须经过这座密不透气的石桥。当罪犯从桥的这一端走向另一端时，想到前面就是生命的尽头，内心痛苦万分，便会不由自主地发出沉重的叹息声。于是，这座石桥便有了"叹息桥"这个充满忧伤的名字。

晶莹剔透的"威尼斯之花"

《马可·波罗游记》一书，激起了无数欧洲人对中国这个富有的东方国家的向往之情。威尼斯正是马可·波罗的故乡。当马可·波罗历尽艰险，千里迢迢来到中国时，呈献给成吉思汗的第一件宝物便是威尼斯独特的玻璃制品。

意大利最负盛名的玻璃制造地是威尼斯的穆拉诺岛。14世纪时，开始出口；17世纪初，已风靡全欧洲。其中以金色和红宝石色调的穆拉诺玻璃最受欢迎。由于对玻璃制品的喜爱和赞赏，人们便称穆拉诺岛为"玻璃岛"。而"玻璃岛"上生产的各种玻璃工艺品，也被誉为"威尼斯之花"。

威尼斯的玻璃制造历史悠久。地中海东部和中东地区的玻璃制造技术经难民带到威尼斯。15世纪以来，威尼斯成为欧洲最著名的玻璃生产基地。这里出产的玻璃器皿质地纯净，堪与天然水晶媲美。

穆拉诺玻璃博物馆

穆拉诺玻璃博物馆位于穆拉若岛上。馆内收藏了从古至今不同年代的玻璃工艺品，各式吊灯、花瓶以及项链、耳环等装饰品讲述了穆拉诺岛辉煌的玻璃制造历史。这里的大多数展品都是在穆拉诺玻璃制造业最鼎盛时期制造的，其中最珍贵的是15世纪时用蓝色玻璃制作的"巴罗维耶婚礼杯"，上面刻有瓷漆装饰。

↑ 晶莹剔透的"玻璃之心"

↓ 五彩斑斓的玻璃吊灯

假面下的狂欢

虽然已没有人知道威尼斯人到底是在哪一天戴上面具的，但威尼斯人把面具当做生活中不可或缺的一部分却有着悠久的历史。早在13世纪，威尼斯的法律就规范了面具的使用。18世纪之前，法律规定威尼斯人每年可长达8个月戴着面具生活。这种威尼斯特有的面具也叫"包塔"。面具掩盖了人们的真实身份和社会矛盾，使面具下的人们变得平等与友善，人们可以热情而亲切地问候彼此："Hello，Mr. Mask！"经过几个世纪的浮浮沉沉，威尼斯人将他们难以割舍的面具情结发挥到了极致。

每年二三月，一年一度的威尼斯面具狂欢节在圣马可广场拉开序幕。这是当今世界上历史最古老、规模最大的狂欢节之一。广场被装扮成一个激情洋溢的化装舞会。人们穿上华丽复古的服装，戴上夸张的面具，把自己装扮成古代的各种神灵鬼怪或王公贵族，毫无顾忌地享受着脱离现实束缚的自由。圣马可广场的精品店橱窗里，华丽炫目、五彩缤纷的面具吸引了众多游客驻足观赏。

↓ 盛装出席面具狂欢节的人

↓ 琳琅满目的面具纪念品

彩虹之城——坎昆

轻松惬意，幸福假期的美丽彩虹
古老神秘，瞬间陨落的玛雅文明
创意十足，匠心独运的手工艺术

连通幸福假期的美丽彩虹

坎昆，这个位于加勒比海沿岸，因雨后彩虹而得名的海滨城市，几乎具备了度假所需的一切要素。珊瑚礁风化而成的白沙滩、风姿摇曳的棕榈树林、豪华舒适的旅馆、热情如火的阳光，都带给游客无尽的假日享受。因此，这里是追逐幸福的人们趋之若鹜的休闲度假胜地。

坎昆最负盛名的是一片由珊瑚礁风化而成的20千米长的白色沙滩，这片沙滩如同波斯绒毯般细腻和柔软。人们亲切地将这里的沙滩分别命名为"白沙滩"、"珍珠滩"、"海龟滩"和"龙虾滩"。狭长海岸线上还建有70多家以会议为主题的国际连锁酒店，每家酒店都有属于自己的海滨浴场以及高尔夫球场，游客无需走出酒店便能享受到加勒比海的独特风情。坎昆轻松随意的气氛吸引和感染着这里的每一位客人。躺在细软如玉的白色沙滩上，沐浴着习习海风，听着悠扬的加勒比海音乐，看着树影婆娑的棕榈树林，仿佛置身于人间天堂。

> 玛雅语中，坎昆是"挂在彩虹一端的瓦罐"之意，是幸福和欢乐的象征。

↓坎昆的沙滩

↑坎昆迷人的海岸

　　40多年前，坎昆是一个仅有300多人居住的僻静小渔村。1972年，墨西哥政府决定投巨资对这个小岛进行规划和开发，将其建设成一个国际知名的旅游休闲度假区和贸易中心。然而，这并非是墨西哥政府一时心血来潮的举动，坎昆有着它无与伦比的自然环境优势。这里如同一个世外桃源，特别适合发展度假和会议旅游。1981年，南北首脑会议在坎昆的召开，使坎昆名噪全球。

失落的玛雅文明

还记得那部震撼人心的电影《2012》吗？电影中"世界末日"的故事情节便是根据玛雅人的预言推算而来的。玛雅文明在取得片刻辉煌之后又瞬间陨落的原因，至今仍是个未解之谜，从而使得玛雅遗址成为最引人入胜的古文明之一。坎昆，正是玛雅文明的发源地之一。得天独厚的自然环境、古老玛雅文化的神秘面纱、现在与过去的错杂交织，使坎昆更具感召力，打动着来这里的每一个人。

在坎昆附近有很多早已破败的玛雅文化遗址，最令人关注的便是位于坎昆西南200千米处的"羽蛇"之城——奇琴伊察。在奇琴伊察附近有两道天然泉瀑布，当初伊察人选择在这片有水的地方定居下来。这口玛雅人当初的圣井，如今已成为供潜水爱好者探险的好去处。

被称为世界新七大奇迹之一的库库尔坎金字塔谜一般地伫立在奇琴伊察古城遗址的广场上。无论从建筑规模还是从建筑艺术的角度看，库库尔坎金字塔都可与古埃及的金字塔相媲美。如果人们站在库库尔坎的主阶梯前拍手，金字塔的顶端便会发出一种沉闷的回音，听起来

↓库库尔坎金字塔

好像鹰的叫声。玛雅人将这种鹰的叫声视为天空中神发出的声音。通过这种方法，居住在地上的人可以和天神沟通。这种神奇的现象更为这座金字塔平添了一丝神秘气息。

> "库库尔坎"在玛雅语中表示带着羽毛的蛇神，是风调雨顺的象征。羽蛇神的头部造型和我们中国的龙十分相像。

匠心独运的墨西哥手工艺术

有人说，看过墨西哥人的手工制品后，会改变甚至颠覆你对色彩和设计的理解。毋庸置疑，墨西哥人创意十足的手工艺品绝对会让你大开眼界。

坎昆城市中心和海边的酒店区里，各种手工艺制品的精品店鳞次栉比。各种银制饰品、墨西哥大草帽、手工织的毛料披风、以玛雅文化中神为原型的泥人，还有对玉米情有独钟的墨西哥人所精心制作的玉米饰品等，都可以在工艺品店内买到。坎昆市中心的28号市场内的大多数手工艺品都由当地人亲手制作而成，这里是坎昆最热闹的手工艺品市场。这些充分代表和浓缩了墨西哥人聪明智慧与独特文化风情的精美手工艺制品，是坎昆一笔最宝贵的文化财富。

↑ 墨西哥手工玩偶

海角之城——开普敦

自然纯朴，开阔雄浑的海角风光
憨态可掬，其乐无穷的"动物天堂"
南非母亲城，最不像非洲的非洲城市

↓ 好望角

这里风景独好

开普敦的美在于其开阔雄浑、不带任何雕饰的自然风貌。正是这种原始气息，深深吸引了久居都市的人们前来观光。巨浪滔天的好望角和自然天成的桌山，是开普敦献给世界独一无二的自然瑰宝，也是开普敦人永远的希望和骄傲。

转角遇到希望——好望角

矗立在非洲西南端，如同鳄鱼嘴般伸向大海的岬角便是举世闻名的"好望角"，寓意为"美好希望的海角"。好望角的发现，连接起东西方海上航道，开辟了人类航海史上的新篇章。奇特的地貌、险峻的悬崖、汹涌的巨浪、珍奇的动植物使好望角成为世界上拥有最美丽海岸线的海角。早在1939年，这里便成为国家级自然保护区。

在好望角东面的开普角的最高点有一座白色的灯塔，用来作为绕过好望角的海上航标。站在灯塔上眺望，可以清楚地看到好望角全貌。灯塔上还有一块写着世界各大城市距离的标示牌。由于老灯塔的位置太高，常常为大雾笼罩，所以在它前端的山腰间又修建了一座新的小灯塔。

↑ 开普角左侧是印度洋，右侧是大西洋

"好望角"名字的由来

1488年，葡萄牙航海家巴托罗缪·迪亚士，奉国王之命带领船队试图寻找从欧洲通往印度的航道，历尽艰难险阻，终究徒劳而返。在归返的途中，船队航行至大西洋与印度洋交汇处的水域时，翻滚的巨浪将船队推到了一个岩石岬角上。于是迪亚士便将这块拯救他们的岬角命名为"风暴角"。回国之后，当他向国王讲述巧遇"风暴角"的情形时，国王认为，这个岬角是个转折点，如果绕过这里进入印度洋，通往东方富庶的黄金之国印度就会有希望。于是国王又将"风暴角"更名为"好望角"。

"上帝的餐桌"——桌山

　　15世纪末，随着绕过好望角通往印度洋航海路线的发现，大批葡萄牙人来到开普敦。1503年，著名的航海家安东尼奥·德·萨尔达尼亚攀登上了桌山山脉的顶端，发现这座山的山顶无峰无巅、平坦如镜，"犹如一张特大的长方形桌面"，于是给这座山起名为"桌山"。从远处眺望，桌山仿佛一座原本尖挺的巨峰，被上帝一刀削去了高高的峰顶，成为一块平坦宽阔的桌子，因此当地人十分自豪地称桌山为"上帝的餐桌"。当大西洋的强风与印度洋的暖流在山顶相会时，便会迅速升腾成厚厚的云层，如同烟缭雾绕般将整个桌山笼罩起来。每当这时，当地人便说上帝铺好了"桌布"开始用餐了。根据桌山上云雾不断变换的情况，人们还可以预测天气。桌山自然保护区内拥有2 000多种濒临灭绝的原生植物，约150种鸟类以及岩兔、狒狒、狸猫等小型野生动物。珍奇宝贵的花草植物、小巧可爱的动物，让来这里的游客感受到开普敦最原始的惊喜和乐趣。

↓云雾缭绕的桌山

其乐无穷的"动物天堂"

开普敦是南非著名的野生动物聚居地。鸵鸟、狒狒、山猫、海狗、海豹、鲸鱼以及海豚等大批野生动物都在这里安逸地生活。就连南非的货币"兰特",也是以狮子、非洲象、犀牛、花豹等野生动物的头像以及非洲当地的一些植物作为主要图案。这一小小的细节,从侧面反映出南非人对动物生命价值的尊重和重视,同时也印证了开普敦有着"动物天堂"的美誉。

千万不要认为企鹅、海豹是南极冰天雪地中的"特产",在开普敦你就能看到它们。这里的企鹅与海豹有着主人般的姿态,它们悠然自得地冲浪、戏水、觅食,在沙滩上享受阳光,成为开普敦一道独特的风景线。南非人对动物的细心呵护,使它们拥有了一个舒适温馨的家园。

↓开普敦企鹅

↓罗本岛

罗本岛

罗本岛又称"死亡岛",是南非的世界文化遗产,也是记忆南非种族歧视最深刻的地方。在白人殖民统治时期,这里被用来关押政治犯和社会流氓。南非前总统曼德拉等3 000多名反对种族隔离、争取黑人解放运动的领袖和积极分子都曾被关押在这里。

企鹅的乐园

开普敦东海岸西蒙镇附近的小海湾是企鹅的生活乐园。1982年,当地渔民在这里发现了两对企鹅。在开普敦居民自发保护下,企鹅的数量不断增多,现已超过3 000只。当地政府和动物保护组织也将这里划为了动物保护区。保护区中的企鹅一点也不怕人,它们会大摇大摆地走到你身旁,并且非常友好。因非洲企鹅会发出像驴一样的嚎叫声,人们便送其绰号为"驴企鹅"。

最不像非洲的非洲城市

作为南非三个首都之一的"立法首都"开普敦，与人们想象中的非洲荒漠相去甚远。在桌湾附近，围绕桌山而建的很多错落有致的英国爱德华和维多利亚时期的老建筑，为开普敦增添了许多欧洲的味道。由此，开普敦也被人们称为最不像非洲的非洲城市。夜幕降临后，璀璨的灯光会将这座城市映照成一座"不夜城"，恢宏大气之感不言而喻。

开普敦是欧洲殖民主义者最早在南非登陆的地点，也是南非现代城市的发端，故有"南非诸城之母"的称号。作为非洲南部历史最悠久的城市，开普敦的历史最早可追溯到1652年。因为开普敦正好是由欧洲到印度航线的中点站，所以荷兰一家公司便在桌山脚下建立了一个永久性的补给站，给过往的船只提供新鲜的蔬菜和淡水。此举成为开普敦开埠的重要标志。

↓昔日的补给站现已发展成为朝气蓬勃的开普敦港

缤纷海岛

在浩瀚的大海上，散布着无数千奇百怪、五彩缤纷的岛屿。它们或是椰林树影、水清沙幼，或是傲然伫立、遗世而独立，或是原始自然、民风淳朴……踏上缤纷的海岛，体验奇异的海岛风情！

度假天堂

　　唯美浪漫的北海道带给你冰火两重天的非凡体验，马尔代夫群岛的点点小岛像是上帝抛洒在人间的项链，夏威夷群岛上热情的草裙舞带你回到最原始的家……忘却世俗的喧嚣，给自己的心灵放个假，在纯净悠闲、美妙绝伦的度假天堂中找寻最真实的快乐！

热带天堂——海南岛

三亚归来不看海，除却亚龙不是湾
宁静清丽，"中国的马尔代夫"
绚丽多姿，能歌善舞的黎族风情

三亚归来不看海，除却亚龙不是湾

亚龙湾因其细软洁白的沙滩、澄澈晶莹的海水、五彩缤纷的海底世界而被誉为"天下第一湾"。诗情画意的海岸风光、完善舒适的度假设施和丰富多彩的旅游项目使亚龙湾成为人们心驰神往的度假天堂。"三亚归来不看海，除却亚龙不是湾"是人们对亚龙湾由衷的赞誉。

亚龙湾海湾面积66平方千米，柔软细腻的沙滩绵延长约8千米，是美国夏威夷海滩长度的3倍。海底珊瑚礁保存完好，拥有众多形态各异、色彩斑斓的热带鱼种。在"中国最美的地方"评选活动中，亚龙湾位居最美的"八大海岸"之首。

亚龙湾的海滨度假酒店别具特色。这里有充满南洋风情的湾铂尔曼度假酒店、以海洋主题建筑特色取胜的三亚海韵度假酒店、希尔顿国际在中国的第一家全球度假村金茂三亚希尔顿大酒店以及丽思卡尔顿酒店。其中，尤以丽思卡尔顿酒店最为出色，是时尚旅行者浸入极致度假体验之首选。

建筑师WAT & G 将丽丝卡尔顿酒店设计成字母U形。酒店内拥有334间单间面积超过60平方米的景致客房，450间设施完善的豪华客房，17间风格迥异的观景套房，以及33座带有独立泳池、享有私密空间的私家别墅。沙滩、海水、别墅融为一体，给人最惬意奢华的度假享受。酒店内还有以南中国海为背景的三亚唯一的室外婚礼礼堂。

随着电影《非诚勿扰II》的热映，伴山面海、独具热带丛林风情的亚龙湾鸟巢度假村也一夜成名。人们追寻着男女主角的足迹，纷纷前来感受电影中所展现的迷人风景。

↑ 亚龙湾

↓ 独享阳光、沙滩、海水的丽思卡尔顿酒店私家别墅

南山海上观音

南山海上观音坐落于三亚南山寺景区西岸浅海之中。高108米的南山海上观音像，正面为手持经箧的观音，右面为手持念珠的观音，左面为手持莲花的观音，是世界最大的白衣观音三面立体造像。观音圣像足下的莲花宝座高10米，共4层，每层有形状相同的27瓣莲花，共108瓣。

↑南山海上观音

"天涯海角"的传说

传说，有一对十分相爱的恋人，来自两个有世仇的家族，他们的爱情遭到了各自父母的强烈反对，于是双双逃到海南岛三亚。前面是茫茫大海，身后是追来的家丁，两人无路可寻。为了"在天愿做比翼鸟，在地愿为连理枝"的愿望，两人便拥抱着奔向大海。此刻，忽然电闪雷鸣，风雨大作，一声"轰"响，所有的人都被劈成了石块。而依偎立于海边刻有"天涯"和"海角"的两块巨石就是当年的这对恋人，那些包围着他们的小石块就是众家丁。

↓天涯海角

"中国的马尔代夫"蜈支洲岛

如果说亚龙湾是一位端庄美丽的大家闺秀，蜈支洲岛则更像是一位宁静清丽的小家碧玉。许久以来，它躲在亚龙湾美丽的风景背后静静地绽放，有人把它称为"中国的马尔代夫"。岛上风光绮丽，独具特色的度假别墅、木屋及酒吧散落在小岛上。离海滩不远的林带边缘有好多用竹子和芭蕉叶搭建而成的情侣小屋，满溢浪漫气息。网球场、海鲜餐厅等配套设施齐全，岛上还开展了包括潜水、海钓、滑水、帆船、摩托艇、香蕉船、独木舟、沙滩摩托车、沙滩排球等30多项海上和沙滩娱乐项目，给前来度假的人们带来原始、静谧、动感、时尚的休闲体验。迤逦的自然风光，甜蜜的度假体验，更使蜈支洲岛成为国内最浪漫的蜜月胜地。

蜈支洲岛被誉为"中国第一潜水基地"。海水由透明到碧绿到浅蓝，如梦如幻。中部山林草地逶迤起伏，绿影婆娑。北部滩平浪静，沙质洁白细腻，恍若玉带天成。四周海域清澈透明，盛产夜光螺、龙虾、马鲛鱼、鲳鱼、海参、海胆和五颜六色的热带鱼。蜈支洲岛海底有着保护良好的珊瑚礁，是世界上为数不多的没有礁石或者鹅卵石混杂的海岛，也因此成为国内目前最佳的潜水胜地。

↓蜈支洲岛情人桥

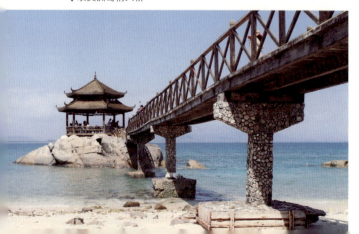

热带资源丰富的蜈支洲岛

因该岛的形状很像一种名为"蜈支"的海洋生物而得名。蜈支洲岛集热带海岛旅游资源的丰富性和独特性于一体。全岛呈不规则蝴蝶状，岛东、南、西三面漫山叠翠，85科2 700多种原生植物郁郁葱葱，不但有从恐龙时代流传下来的桫椤这样的奇异花木，还生长着迄今为止所发现的地球上最古老的植物，号称"地球植物老寿星"的龙血树。

绚烂的黎族风情

黎族是海南岛最早的居民。他们勤劳智慧、能歌善舞，创造了源远流长的文化艺术。黎族以其绚丽的织锦工艺闻名于世。据记载，汉代黎族地区就已出现"男子种苎麻，女子桑蚕织绩"的劳动景象。到宋代时，黎锦工艺已达到很高水平，妇女们用简单的工具就可织出带有精美花纹图案的筒裙、被单、花带和绣有立体花纹图案的黎锦，驰名于世。

黎族歌舞是三亚舞蹈艺术的代表，其舞姿来源于一些狩猎耕作的基本动作，而其旋律则来源于民间传统歌谣。每逢丰收、新春佳节和"三月三"时

↑ 正在织黎锦的黎族妇女

节，黎族同胞不约而同地来到村寨开阔之地燃起火把，敲响铜锣，跳起"竹竿舞"、"鹿回头"、"椰壳舞"，庆祝一年中特殊的节日。

↓ 竹竿舞

东海福地——舟山群岛

渔盐之利，舟楫之便的"中国渔都"
依山瞰海，香火鼎盛的"海天佛国"
金沙碧海，其乐无穷的创意沙雕

渔盐之利，舟楫之便

富饶秀丽的舟山群岛是中国最大的群岛，素以"渔盐之利，舟楫之便"而闻名遐迩。1 339座岛屿散布在我国大陆东侧的东海海面，赋予了舟山群岛无穷的魅力。群岛上渔场面积大约占整个海域的3/4，被誉为"东海鱼仓"和"中国渔都"。这里有我国最大的渔场——舟山渔场。在这里，你可买到新鲜的海产品、品尝到美味的海鲜。

舟山渔场的水产品种类繁多，而且兼具实用价值和经济价值。鱼虾蟹贝藻类品种之多、产量之高，在世界渔场中屈指可数。位于舟山群岛的沈家门渔港是我国最大的天然渔港，与挪威的卑尔根港、秘鲁的卡亚俄港并称世界三大渔港。因沈家门航运发达、鱼市兴旺，旧时有"小上海"之称。得天独厚的海鲜资源，使舟山的海洋美食文化源远流长，并形成了"重口味、轻形状、鲜咸合一"的特色。当地居民擅长烧、炖、蒸、腌等烹饪调法，做出的海鲜风味别具一格。

舟山群岛港湾辽阔，海水含盐量适中，海底平铺着软泥和细沙，众多优越的自然条件使它成为鱼儿繁衍生长的天堂。长江、钱塘江等河流流入东海，给这片海域带来大量浮游生物，也为舟山海域中的鱼儿提供了美餐佳肴。此外，来自舟山群岛南面的台湾暖流和来自我国北方的寒流汇合，分别带来了北方的冷水鱼和南方的暖水鱼，于是这里便成了群鱼汇聚的地方，是名副其实的"中国渔都"。

沈家门海鲜美食文化节

沈家门海鲜美食文化节始办于2003年7月，主会场设在沈家门，主要有华东烹饪名家演示、舟山烹饪比赛及舟山十大名菜、小吃评选和海鲜烹饪家庭比赛等。

沈家门渔港国际民间民俗大会

沈家门渔港国际民间民俗大会始办于2003年7月。沈家门渔港作为世界三大渔港之一，有着丰富的渔业生产习俗和渔家生活习惯。民俗大会主要活动有海上花船大巡游、陆上沿港民俗大巡游、民间文化街头表演和渔业生产技能竞赛等，具有浓厚的渔港人文风情。

↑ 沈家门渔港

↓ 普陀山观音像

海涛声中悟慈悲

　　"忽闻岛上有仙山，山在虚无缥缈间。"舟山群岛上寺庙林立、信徒众多，形成了独特的观音信仰文化。普陀山作为观世音菩萨教化众生的道场，自古就有"海天佛国"之美誉，并与山西五台山、四川峨眉山以及安徽九华山并称为中国四大佛教名山。

　　普陀山面积较小、四面环海，山上任何一个寺庙内都能听到海涛声。这里的观音菩萨寺院大都临海而建或依山瞰海而筑，人们可在潮水拍岸中诵经顶拜，在眺海观潮中礼念救度。

　　普陀山宗教活动历史悠久，最早可追溯到秦朝。普陀山位于海上丝绸之路的航道上，是供船只泊锚、补充供给或躲避风浪的重要港口。相传，南海观世音曾在这里讲经说法，普度众生。由于舟山渔民对观音的尊崇，这里也就逐渐形成了现在的观音道场，甚至在舟山群岛上还出现了"岛岛建寺庙，村村有僧尼。处处念弥陀，户户拜观音"的盛况，被人们称为"观音之乡"。

普陀山观音信仰

观音信仰在普陀山的兴旺与舟山独特的自然条件有着密切联系。舟山四面环海，岛上居民以舟为车，日日与海相伴，人们出入在浩瀚无垠的大海上，接受着大海的恩惠，也经历过大海的凶险。面对变化莫测的大海，他们迫切渴望能有一种超凡脱俗的力量来保佑他们的幸福和安宁，而大慈大悲的观世音菩萨正好符合了人们的殷切期盼。于是，观音信仰也就在这里隆盛起来。

↑普陀山观音跳

普陀山观音文化节

普陀山观音文化节始办于2003年11月。它以"观音文化与生命自然"为主题，弘扬观音慈悲为怀、普度众生、净化人性的德能。期间主要开展弘法讲经大会、佛教文化大展、四海怜心交汇大会和发愿祈福法会等活动。

中国沙雕艺术的故乡

朱家尖与普陀山、沈家门渔港隔水相依，鼎足构成了舟山旅游的"金三角"。这里碧海金沙、奇石嶙峋、洞礁错置，是中国沙雕艺术的故乡。朱家尖的沙滩被国际沙雕艺术组织WSSA确认为世界上沙质和风景最好的沙滩之一，优越程度甚至超过了度假胜地之一的夏威夷群岛。

↑ 正在进行沙雕创作的艺术家和他的作品

1999年，在朱家尖举办的首届舟山国际沙雕艺术节开创了我国沙雕艺术和沙雕旅游活动的先河，使朱家尖成为国内沙雕艺术的发源地。舟山国际沙雕艺术节来源于"堆沙"、"水浇沙龙王"这两项当地渔民传统的海洋民俗，通过海洋文化和沙雕艺术的完美结合，吸引了国内外众多沙雕爱好者参与其中，已成为舟山群岛另一张靓丽名片，享誉中外。

舟山国际沙雕艺术节

舟山国际沙雕艺术节于每年7~11月举办。沙雕节采用比赛和展示相结合的形式，每一届都会定下一个主题，选手们围绕主题各施其计。此外，还有花车巡游、海岛特色文艺表演、海鲜美食品尝等活动。

沙雕艺术的起源

大约公元前4000年，埃及人开始用沙子来辅助建造金字塔，那时候已有了沙雕的雏形。沙雕作为一种艺术形式起源于美国，经过近百年的发展，已成为一项融雕塑、体育、娱乐、绘画、建筑于一体的边缘艺术，其真正的魅力在于以纯粹自然的沙和水为材料，通过艺术家的创作呈现迷人的视觉奇观。沙雕艺术体现了自然景观与人文景观、自然美与艺术美的和谐统一。由于沙雕艺术的独特魅力，令越来越多的人为之着迷，现已发展成为国际热门的旅游项目。

活力宝岛——中国台湾

巨礁嶙峋，植物繁茂的热带风光
回归自然，远离尘嚣的世外天堂
热闹非凡，气息浓郁的平民夜市

↑ 垦丁公园

台湾岛最南端的热带风光

如果想到一个美丽富饶、山明水秀的远方去旅行，而这个地方又不会让你产生客居他乡的孤寂之感的话，那么就去台湾岛吧。位于东南沿海大陆架上的台湾岛，是中国第一大岛，自然资源十分丰富，素有"祖国宝岛"之称。"山高"、"岸奇"、"民宿"、"夜市"是台湾岛度假的代名词。

宝岛台湾是世界上少有的热带亚热带"高山之岛"，高山和丘陵占了全部面积的2/3以上。除了阿里山、日月潭等经典自然景观，被誉为"台湾的天涯海角"的垦丁公园，也可谓是人们尽情享受沙滩、海水和阳光的度假胜地。

垦丁公园是台湾岛上同时拥有海域和陆地的大型公园，也是台湾本岛唯一的热带公园。园内巨礁嶙峋，热带海岸植物繁衍其间。垦丁公园内的鹅銮鼻岬角处有块巨石因形状酷似尼克松，被当地人称为"尼克松石头"。茂密的热带树林更是为乌头翁、树鹊、小弯嘴画眉等众多鸟类活动提供了广阔的生存空间。

每年春天，垦丁公园内都会举行题为"春天的呐喊"的户外音乐活动，当地独有的音乐风格吸引了众多音乐爱好者齐聚一堂。

↑ 尼克松石头

"垦丁"名字的由来

传说清同治年间，一批壮丁从大陆来到台湾，并在台湾岛最南部的地方开垦，"垦丁"的名字即来源于此。

日月潭

日月潭是台湾唯一的天然湖，由玉山和阿里山之间的断裂盆地积水而成。日月潭四周群山环抱、林木葱茏，潭水晶莹剔透、上下天光，湖中有小岛浮现，形成"青山拥碧水，明潭抱绿珠"的美丽景观。它的风姿可以同祖国大陆的西湖媲美。

找寻久违的乡野味道

如今世界各地都在流行一个很时髦的词，那就是"慢活"。"慢活"是一种热爱自然、崇尚绿色生态环境的生活态度。久居都市的游人怀着接近原始自然生活的渴望，住进地道的台湾民宿，在其中找寻清澈自然的乡野味道。

台北的"千蝶谷生态农场"和"珍萤火虫花园"以理想的生态环境为人们称道。在这里可以收获春天蝴蝶飞舞、夏日萤火虫围绕的幸福与感动，还可以亲手制作属于自己的蝴蝶卡膜，在花园主的指导下细细欣赏萤火虫的美丽姿态。桃园县的"大溪花海农场"则呈现出偶像剧的浪漫情怀，人们可以在这里欣赏到北海道的彩虹花田、托斯塔尼向日葵与普罗旺斯薰衣草，在地中海风格的精致餐厅品尝香气四溢的花果茶，住进令偶像剧组青睐的民宿，深受年轻情侣的喜爱。而同样位于桃园县的"飞牛牧场"则让你过足牛仔的瘾。在这里，你可以亲自喂养小牛，品尝自制乳品，和全家一起玩有趣的牧场游戏，还可以和动物一起装可爱，乐享假日时光。

充满人情味的台湾民宿

"民宿"一词最早来源于日本。20世纪80年代在台湾开始发展。民宿现已与当地人文风情、自然景观以及生态特色相融合，点缀于独具特色的休闲农场中。民宿主人的热情与亲切，让游客感受到家的温馨。最难能可贵的是，民宿主人精心设计了许多有趣的农村生活体验，如搓汤圆、捉鱼虾、烤地瓜等，游人们在休闲游乐的过程中可与农民真心互动，还可以聆听长者们诉说农村的历史故事，感受温暖的人情味。

元贝休闲渔场

元贝休闲渔场位于海洋生态资源丰富的台湾东海岸的澎湖。带给人惬意的度假体验，人们可以欣赏到各种鱼儿水中游玩、各种珊瑚互相争艳的美景，还可以搭乘游艇前往离岛钓鱼、捉螃蟹，最刺激的是在渔民的指导下亲自体验远古的捕鱼方式。

→ 出海垂钓

浓郁生活气息的平民夜市

在台湾，每个城市几乎都有夜市。夜市是台湾特有的平民文化。每当夜幕降临，这些夜市便热闹起来，人们下班之后从四面八方涌来，在美味的小吃和新鲜的果汁中抖落一天的疲劳。

台湾夜市众多，其中士林夜市是台北夜市中最兴盛、最平民化的观光夜市。士林夜市因所含范围极广，又多为曲折的小街巷弄，常常会给游客"柳暗花明又一村"的惊喜。士林夜市主要分为两大部分。一部分是慈诚宫对面的市场小吃，建于1909年，1927年改建成了今日面貌。这里，各种小吃琳琅满目，游人摩肩接踵，被挤得水泄不通；另一部分则以阳明戏院为中心，由大东路、基河路、文林路三条道路至大南路等热闹街市集结而成，穿梭其间，便会被那浓郁热闹的生活气息所吸引。

↑士林夜市的小吃街

↓台北夜景

浪漫之乡——北海道

大快朵颐，地道鲜美的日本料理
风轻雪柔，浪漫多姿的冰雪世界
汤烟袅袅，冰火重天的露天温泉

在"世界第一大渔场"邂逅地道日本料理

北海道渔场位于日本暖流与千岛寒流的交汇处。寒、暖流的交汇使北海道海域中的浮游生物十分繁盛，为鱼类提供了丰富美味的饵料。另外，寒、暖流交汇可产生"水障"，阻止鱼群游动，利于形成大的渔场；加之日本的捕鱼业和养殖渔业技术发达，北海道渔场成为了名副其实的"世界第一大渔场"。

北海道渔场附近的海水未受任何污染，海鲜是当地美食不可或缺的原料。鲑鱼、狭鳕、太平洋鲱鱼、秋刀鱼等都是北海道的优质海鲜。长毛蟹、松叶蟹和帝王蟹被称为"北海道三大名蟹"。来到北海道，有三种美味一定不可错过：寿司、拉面和鲑鱼料理。

寿司是日本一种独特的美味佳肴。与本州的寿司相比，北海道的寿司因多使用扇贝、姥蛤、螃蟹和海胆做材料，颇受日本人及海外人士喜欢。也许是因为北海道水质清冽、鱼类新鲜，这里的海鲜无论怎么吃都没有令人难受的鱼腥味。产自大西洋的鲑鱼一般由人工饲养，而在太平洋出产的鲑鱼几乎都是野生的。北海道的鲑鱼肉嫩味鲜且营养价值高，深受人们喜爱，因此北海道又有"寿司王国"之美誉。

↑海鲜料理

↓海鲜盖饭是北海道最负盛名的小吃

北海道海鲜祭

每年秋季，北海道的各大饭店都会推出各具特色的海鲜祭美食交流活动。秋季是享受当季海鲜的最佳时节，在此期间游客不仅能看到秋鲑解体秀或制作鲑鱼卵等活动，还能品尝到独具日本风味的海鲜料理。

↑北海道渔场丰收的渔民

浪漫冰雪世界

北海道是全世界降雪最多的地方之一，也是日本滑雪的发祥地。然而，这里的冬天并不是寒风刺骨，而是弥漫着一种风轻雪柔的细腻感觉。北海道的冬季是人们最欢乐、最期待的季节。每年11月中旬起这里的滑雪场就陆续开放。位于札幌市的札幌国际滑雪场，虽然只有7条雪道，却以其林间滑道以及优质粉雪扬名，最大滑走距离为3 600米，并拥有长达100米以上可以安心滑行的滑雪道。在这里，人们尽情地滑雪、拉雪橇、堆雪屋，进行着各种各样的与雪有着亲密接触的活动。

每年1月，随着西伯利亚北风的呼啸，俄罗斯鄂霍茨克便开始进入冰封季节，流冰也在此时开始漂流到网走和纹别一带。从远古至今，作为自然现象的流冰会在北海道"驻扎"，为北海道的海面镀上一层白色。此时，人们还可以乘坐破冰船，在苍茫的白色世界中，一边感受船身震动带来的刺激，一边观赏海豹等可爱的动物。

↑札幌冰雪节的"雪人"

札幌冰雪节

札幌冰雪节是日本北海道札幌市的传统节日。始于1950年，在每年最冷、雪最多的2月的第一周举行，为期7天。冰雪节期间，在札幌市的大通公园、真驹内公园会展出巨大的雪雕和冰雕，人们可以欣赏到将螃蟹、墨鱼、鲑鱼等北海道特产镶嵌于冰雕中的充满奇思妙想的雕塑作品。

↓北海道雪景

露天温泉

"春寒赐浴华清池，温泉水滑洗凝脂"。白居易的一句诗，不知让多少人对温泉心生向往。北海道的温泉，以"深山密汤"而远近驰名。这里遍地都是露天温泉。找寻一处露天温泉，沐浴在热气腾腾的汤池中，欣赏着浪漫的雪景，可谓人生一大享受。据统计，整个北海道地区共有247处温泉，数量居日本第一。最有名的温泉有定山溪温泉、爷湖温泉、登别温泉等，其中登别温泉因品质最好而被誉为"北海道第一温泉名乡"、"日本第一汤"。

登别地区是火山多发地带，丰富的地热和降水为温泉的产生提供了优越的条件，地表降水渗入地下后与滚烫的岩浆相遇，就形成了富含多种微量元素的温泉。根据水里所含成分的不同，登别温泉多达11种。各种温泉对不同的病痛能起到治疗和缓解的作用，而且部分温泉还具有减肥和美容的功效。

北海道人"一天三泡"：早起一泡，晚饭后一泡，睡前一泡。

↑北海道的露天温泉

↓露天温泉浴

梦想天堂——马尔代夫

海天一色，麦兜的梦想天堂
宁静浪漫，返璞归真的"水上屋"
岌岌可危，即将消失的人间乐园

麦兜的梦想天堂

看过《麦兜故事》的人都会记得，电影里面那个可爱的小猪总是在喃喃地念叨着要去马尔代夫："那里椰林树影，水清沙幼，蓝天白云，是散落在南印度洋的世外桃源……"或许是麦兜的痴迷深深地感染了忙碌的人们，使他们也迷恋上了这种梦境。

如今的马尔代夫，已成为"悠闲假期"、"梦想天堂"的代名词。在蓝天与海水营造出的童话世界中，人们可以彻底放松自己的身心，抛却世俗的烦恼，畅享这海天一色的如画风景。

也许这就是马尔代夫的魅力！在马尔代夫最大的享受就是看海。从高空俯瞰这个世界上最大的珊瑚岛国，湛蓝清澈的海水中，一个个花环般的绿色小岛星罗棋布，犹如从天际散落的串串珍珠镶嵌在蓝色透明的美玉上。小岛周围环绕着一圈雪白的沙滩，海水的颜色从若有若无的浅蓝到翡翠般的孔雀蓝再到神秘的幽蓝，逐渐分层。马尔代夫蓝、白、绿三色绝妙的搭配使它赢得了"上帝抛洒人间的项链"、"地球上最后的香格里拉"、"印度洋上的花环"等众多美誉。

↑海中翩翩起舞的热带鱼

马尔代夫拥有数千种热带鱼。美丽的珊瑚、色彩斑斓的热带鱼，让人目不暇接。作为全球三大潜水胜地之一，在这里深潜需要专业的潜水执照，但游客可以选择浮潜，只需租上救生衣、蛙镜、脚蹼和咬在嘴上的呼吸管就可跃入海中，与鱼儿们共舞。

↓多尼船

马尔代夫所特有的巡游岛屿活动，还可以让游客充分观赏到马尔代夫"一岛一景"的奇观。尤其是乘坐独具当地特色的多尼船环游岛屿，更是乐趣丛生。

> "马尔代夫"一词由梵文演变而来，是花环的意思。

梦幻"水上屋"

在马尔代夫，一个小岛就是一个酒店。睡觉、吃饭、运动、SPA、晒太阳、发呆……几乎所有的生活都与房间息息相关。而马尔代夫最具特色的酒店便是风格独特的"水上屋"。

如果说马尔代夫1 000多个岛屿宛如镶嵌在湛蓝大海上的串串珍珠，那么建在透明海水之上的"水上屋"就是这串串珍珠上的点点银光。住在返璞归真的"水上屋"中，游客不仅可以清晰地看到五彩斑斓的热带鱼，聆听海鸟清亮的鸣叫，还能观赏到岸边树影婆娑的椰树林和晶莹洁净的沙滩。

这里还有专门为度蜜月的情侣精心打造的蜜月房，浪漫至极。

"水上屋"

"水上屋"最初是岛上居民用来居住的房屋，其独特之处在于房屋原始的建造方式。原生态斜顶木屋依靠钢筋或圆木柱固定在水面上。用于建造屋顶的材料是马尔代夫本土生长的棕榈树叶。棕榈树叶内因含有大量的胶质而特别柔韧，并且还有耐盐、耐碱、抗风、防水、防虫、防霉烂、不易燃烧等诸多优点。室内装修大多用木材，使游客有种在海上漂浮的感觉。有的房间会有一块玻璃地板，在室内就能看到清澈的海水和水中自由游弋的鱼儿。

↑ "水上屋"

↓ "水上屋"蜜月房

"伊特哈"海底餐厅

　　"伊特哈"海底餐厅位于希尔顿度假酒店内,在海平面以下6米处,是世界上第一家全玻璃的海底餐厅。"伊特哈",是当地语"珍珠"的意思。餐厅四壁完全由透明的有机玻璃制成,可容纳12人同时就餐。游客在此品尝美味的同时,还可以尽情观赏海洋中的热带鱼和珊瑚礁。当颜色鲜艳的成群热带鱼紧贴着餐厅的玻璃游过时,美丽的景象总会令人们情不自禁地发出赞叹声。

↑ "伊特哈"海底餐厅

↓ 马累市场

马累

　　马累是马尔代夫群岛上的购物中心,几乎聚集了所有的商店,而这里的绝大部分商品都是本地货。马尔代夫是伊斯兰国家,禁食猪肉。但作为海岛国家,这里盛产鱼、虾、蟹等。

即将消失的人间乐园

马尔代夫目前拥有1 200多个岛屿，但适合人类居住的岛屿只有200多个。作为世界上海拔最低的国家，马尔代夫正面临着全球变暖、海平面上升的生存危机。2004年的东南亚大海啸已经使得马尔代夫丧失了40％的国土面积。根据联合国对全球暖化下海平面上升的速度计算，也许在100年之内，上升的海水就会吞噬整个马尔代夫。近年来，马尔代夫一直站在呼吁防止全球变暖行动的最前列，岛上的居民也都积极投入到保卫国土的行列中来，他们甚至自发收集石头以巩固海岸。

天堂岛

天堂岛形如一只草履虫，马尔代夫人坚信是上帝来到这里按照天堂的模样建造了它。岛上浓密的椰林与宽阔的芭蕉叶掩映着200多间面朝大海的房子。只要迈出房间的台阶，游客就可以亲近大海和沙滩。岛上还有40幢建在浅海的"水中别墅"，奢华程度超出你的想象。

太阳岛

太阳岛是马尔代夫最大的休闲度假村，据说已有上百万年的历史。岛上鸟语花香，热带植物茂密丛生，一派生机盎然的景象。游客可以随性躺在沙滩，边沐浴着温暖的阳光边聆听大海的潮起潮落，也可潜入水中与热带鱼亲密接触。岛上还有一个能容纳上千人的西式自助餐厅，菜式丰富，新鲜美味。

↑天堂岛上的"水中别墅"

↑太阳岛

阳光下的乐土——斐济

与阳光为伍，热带海洋中的蜜月天堂

悠哉、乐哉，健康长寿的无癌之国

趣味盎然，南太平洋上的原始风情

阳光下的幸福天堂

"It's Fiji time!"在斐济，热情好客的斐济人经常会把这句话挂在嘴边，以提醒远道而来的客人：无论你为了什么来到斐济，千万不要着急，一切都要慢慢来。晒太阳、度蜜月、打高尔夫是斐济经久不变的主题。这里的一切都洋溢着南太平洋的原始美感。

↑斐济日出

"阳光"无疑是斐济最特别的代名词。180°经线贯穿其中，独特的地理位置使斐济成为世界上的"最东"和"最西"，并且是世界上第一个见到曙光的国家。据说被第一缕阳光照到的人，这一年都会顺顺利利、好运当头，所以每年的第一天总会有来自世界各地的游客，在这里等待新年第一缕阳光。

↓五彩斑斓的海底世界

不同于一般大海的蓝色，斐济的海是绚丽的彩色。300多个大小不一但却十分精致的岛屿被环状的珊瑚礁所包围。这里的海域是鱼类的天堂，无数千奇百怪、色彩斑斓的鱼儿在水中畅游，将这里的水搅动得五彩缤纷。在斐济最著名的贝卡环礁内潜水，就如同置身于一座海洋馆中，游弋在你身旁五颜六色的鱼儿触手可及。

斐济是众多名人所钟爱的蜜月天堂。赫赫有名的比尔·盖茨，就选择了在斐济的瓦卡亚岛为自己的蜜月之旅画上一个完美的句号。好莱坞著名影星米歇尔·菲弗、妮可·基德曼等也曾慕名而来。

在斐济，人们可以没有电视，但不能没有高尔夫。如今高尔夫已成为斐济的一项全民运动，几乎每个岛上都设有高尔夫球练习场。斐济的高尔夫之所以如此出名，与曾经排名世界第一的高尔夫名将辛格有很大关系，因为斐济正是辛格的故乡。在斐济的迷人风景中，潇洒地挥杆也是人生一大享受。

悠哉、乐哉的长寿之岛

斐济是世界上唯一一个没有发现癌症的国家。斐济岛上的居民之所以普遍长寿，主要与他们的饮食习惯密切相关。

斐济人喜欢吃荞麦。荞麦中含有某种B族维生素以及微量元素硒，具有抗癌作用。此外，荞麦中还含有丰富的荞麦碱、芦丁、烟酸、亚油酸和多种维生素及铁、锌、钙等对人体有益的成分，这些都是一般细粮所不具备的。岛上的人们还把杏仁、杏干作为必备的伴食佐餐，杏肉内丰富的维生素A、维生素C、儿茶酚、黄酮和多种微量元素，都具有抗癌作用。由于靠海而居，斐济人还特别爱吃海产品，新鲜的鱼、虾、贝类等海产品充分补充了人体所需的营养。

除了良好的饮食习惯，乐观从容的时间观、积极的心态也是斐济人长寿的秘诀。当你看到穿着民族服装、脸上抹着斑斓的油彩、自由自在地弹着吉他的斐济人，便会对这样一句话有了全新的理解：对斐济人来说，时间是用来浪费的。

品种丰富的斐济菜

斐济拥有欧洲菜、中国菜、印度菜和斐济当地菜四大菜系。主食以米为主，副食以海龟肉、鱼等海产品为主。偏爱烤、炸、煎等烹调方法。斐济人的拿手好菜包括椰汁鱼、干烧鱼、三彩大虾、炸蛎黄等。另外，斐济人最爱饮卡瓦酒。

↑ 快乐的斐济人

奇趣的原始风俗

在岛屿深处的斐济村，仍保留着20世纪初的原始风貌，岛民们在这里过着近乎原始而淳朴的生活。

在斐济村，随处可见男人头戴扶桑花到处游走且毫无羞涩之感。斐济居民有戴花的习惯，男男女女无一例外，并且有着约定习俗。将花戴在左边表示未婚，而把花戴在两边则表示已婚。男人不仅戴花，还穿裙子。大街上的男警察甚至穿着三角形裙边的裙子在指挥交通，而女警察却着裤装。

此外，这里还有一些非常奇怪的规矩，比如村民不许戴帽子，只有村长才有戴帽子的特权；千万不要摸别人的头，斐济人会认为那是对他最大的羞辱。斐济人始终保留的将深海中的鱼群呼唤到浅海来捕捉的神奇颂唱仪式以及传统的走火仪式，更会让你目瞪口呆。

↓头戴鲜花的斐济男人

"沙笼"

斐济人将裙子称为"沙笼"，这是他们传统的正规下装，无论官员还是百姓，正式场合他们都要穿"沙笼"。所以他们并不觉得男人穿裙子是十分怪异的事情。

太平洋上的钻石——夏威夷

海空枢纽，"太平洋的十字路口"
魅力无穷，热带风情下的伊甸园
纯真热烈，摇曳多姿的草裙舞

"太平洋的十字路口"

夏威夷是大洋中最美的岛屿，是停泊在海洋中最可爱的岛屿舰队。

——马克·吐温

夏威夷群岛地处北太平洋中部，是美国西岸到达澳大利亚以及从巴拿马运河抵达远东地区的必经之地。太平洋海、空交通枢纽的重要战略地位使夏威夷成为众多国家眼中的黄金宝地，所以夏威夷享有"太平洋的十字路口"之美誉。1911年起，这里就是美国太平洋舰队和空军的基地。第二次世界大战期间，震惊世界的日本偷袭珍珠港事件就发生在檀香山附近。当年遭日军重创的"亚利桑那"号美国主力舰残骸至今仍静静地沉睡在海底，人们在其残骸上面修建了一座名为亚利桑那的纪念馆以悼念海军将士的亡魂。这已成为第二次世界大战的历史见证。

"夏威夷"名字的由来

夏威夷群岛，是一组因火山喷发而形成的岛屿。公元4世纪前后，一批波利尼西亚人乘独木舟破浪至此，在此定居，并将这片岛屿命名为"夏威夷"，意为"原始之家"。

↑夏威夷州海滨

1959年夏威夷成为美国第50个州，其州府是火奴鲁鲁。因早期这里盛产的檀香木被大批运到了中国，所以中国人习惯称火奴鲁鲁为檀香山。在中国人心中，这里还是一片革命圣地。20世纪末，孙中山先生正是在这里组织成立了兴中会。直至今天，脖挂美丽花环的孙中山生先铜像还伫立在檀香山街头，成为人们心中不朽的印记。

← 亚利桑那纪念馆

热带风情下的伊甸园

夏威夷的海滩，以其独特的热带风情，让众多游客流连忘返。也许你不经意间就会与某位好莱坞明星擦肩而过。每当节假日到来，夏威夷的海滩上就会有摩肩接踵的游人，在汉娜鸟娜玛贝湾或是恐龙湾，架起他们五颜六色的帐篷，或谈天或嬉戏，或游泳或冲浪，尽情享受阳光、海水、沙滩。

瓦胡岛的威基基海滩是人们心中最典型的夏威夷海滩。长长的海岸线上铺满了洁白的细沙，蓝色开阔的海水、奢侈舒适的酒店还有海面上缓缓驶过的豪华巨轮，都让人们对这片海滩

← 威基基海滩

↑ 毛伊岛海滩

心生眷恋。著名作家斯蒂文森曾将这里形容为"古典气息的景物"。

在毛伊岛，你还可以看到五光十色的彩色海滩，黄色、黑色、白色还有绿色的沙滩与蓝色透明的海水相映成趣，美轮美奂。毛伊岛共有81处海滩可供使用，这座岛屿被权威旅游杂志的读者们选为"世界上最美的岛屿"。这里也是令每一个冲浪和帆板爱好者痴狂的水上乐园。

毛伊岛的拉海纳

拉海纳是16世纪形成的"捕鲸镇"，也是毛伊岛上最著名的景点。小镇完整保存了16世纪的风貌，捕鲸的工具和船只也靠在岸边。小镇上还拥有世界上最大的榕树，整个"捕鲸镇"也被列为国家公园。

打开心灵之门的草裙舞

夏威夷最让人难忘的，还有真挚、热情的夏威夷人带给人们的惊喜与感动。夏威夷女郎一句热情真挚的"阿罗哈"，还有手中摇晃的一串串五颜六色的花环，都使得游客很快融入到当地的文化氛围之中，仿佛回到了"最原始的家"。夏威夷波利尼西亚文化为它披上了一层纯真而又神秘的面纱。

最让游客念念不忘的莫过于那比骄阳还火辣的草裙舞。这一波利尼西亚人最初用来向神表达敬意的舞蹈，现已成为夏威夷最具当地特色的文化符号。伴着激越的鼓点和夏威夷独特的音乐节奏，人们轻盈地摆动着柔美的身体，手势和舞步间的不断变幻，既是夏威夷人对远道而来的客人的欢迎，也是他们内心祝愿和期盼的表达。优美的舞姿洋溢着纯真热烈的情感，仿佛空气中都弥漫了诗一般美好的味道。

在瓦胡岛北部的波利尼西亚文化中心，每晚都会上演一场夏威夷"最辉煌的表演"——"地平线"晚会。韵律十足的音乐、150人的盛大草裙舞，让人陶醉其中。如果你被草裙舞的独特魅力所吸引，还可以在当地专门的草裙舞培训学校中亲身体验一番。

"阿罗哈"（Aloha）一定是每一个到达夏威夷的人学会的第一句当地语。在夏威夷土语中，"阿罗哈"是"欢迎，你好"的意思。

夏威夷群岛上频频发生的火山的爆发使这里的原始居民波利尼西亚人感到震惊。他们认为冥冥之中是火山女神裴蕾掌管了他们的一切。于是专门编排舞蹈来赞颂"火山女神"的伟大。

↓ 草裙舞

草裙舞

草裙舞又名"呼啦舞"，是和英国的小步舞、西班牙的佛朗明哥舞齐名的一种特别注重手脚和腰部动作的舞蹈。草裙舞的裙子是用夏威夷特有的热带植物的叶子编织而成的。

潜水胜地

　　大海，在旖旎的海岸风光之外，还潜藏着一个神奇变幻的海底世界。成群结队的热带鱼，五彩斑斓的珊瑚礁，千奇百怪的海洋生物，总会让你情不自禁地感叹大海的奇妙与精彩。潜入水中，享受"鱼翔浅底"的快乐和自由吧！

地球最美的装饰品——大堡礁

瑰丽壮观，世界上最大最长的珊瑚礁群

五彩斑斓，"透明清澈的海中野生王国"

浪漫多姿，酣畅淋漓的海底体验

"透明清澈的海中野生王国"

大堡礁是世界上最大最长的珊瑚礁群，是由珊瑚虫建造的珊瑚礁体构成的，即使在月球上远望依旧清晰可见。400多种活珊瑚使大堡礁的海岸泛着天蓝、靛蓝、蔚蓝和纯白色等绚丽的光芒，堪称"地球最美的装饰品"。大堡礁是世界七大自然景观之一，因其生物的丰富多样性，又有"透明清澈的海中野生王国"之称。1981年，大堡礁被列入世界自然遗产名录。

↑浪漫的心形珊瑚礁

酣畅淋漓的海底体验

大堡礁神奇的海底世界最让人拍案叫绝。潜入水中，颜色从蓝色、鹿角棕色到错综复杂的粉红及深红汇集成一个绚丽多彩的水下宫殿。彩色的活珊瑚还与400多种海绵生物、4 000多种软体动物、1 500多种鱼类，以及其他千奇百怪、五彩斑斓的海洋生物共同生活在一起，充满了生命的奇妙。潜入其中，与自由穿梭的缤纷鱼群擦肩而过，仿佛置身传说中的鱼类王国，实乃人生一大乐事。

↑畅游在清澈的海水中

大堡礁是怎样形成的

珊瑚虫是群体生活的海洋生物，能分泌出石灰质形成其骨骼。老一代珊瑚虫死后留下遗骸，新一代继续发育繁衍，像树木抽枝发芽一样，向高处和两旁发展。如此年复一年，日积月累，珊瑚虫的石灰质骨骼连同藻类、贝壳等海洋生物残骸胶结一起，堆积成了一个个珊瑚礁体。经过数百万年的累积，才有了今天的大堡礁。

↑五彩斑斓的海底世界

↓美丽的海葵

海洋中的舞者——帕劳群岛

诡异梦幻，惊艳全球的潜水胜地
精彩绝伦，世界七大海底奇观之首
妙趣横生，与水母共舞

惊艳全球的潜水胜地

　　帕劳群岛的海水共有七种纯净而诡异的颜色，让每位见过它的人都惊叹不已。这一奇观正是由帕劳群岛丰富的海底景观造成的。海底黑色的礁石、斑斓的珊瑚、细细的沙砾都被清澄的海水毫无保留地映射在海面上形成梦幻般的色彩，吸引着世界上众多广告公司前来拍摄广告片。帕劳群岛的海底世界被海洋学家公认为七大海底奇观之首。这里也是世界著名的潜水胜地。

↓艳丽的热带鱼

与水母共舞

　　水母湖是帕劳群岛上最独特的潜水地点。从高空俯瞰南水母湖，如同热带丛林拱卫着的一面镜子，并无奇特之处。然而当你潜入湖中，它的神奇之处就自然显现了。水中会有大批柔软的"舞者"出现在你身边，并且越往湖中心走，款款而来的"舞者"就会越多。你尽可以轻抚它们晶莹剔透如果冻般的幼体而不用担心被蜇，因为它们都是无毒的水母。

↓无毒水母

数万年前，水母湖曾是大海的一部分，随着地壳的不断运动，周围的海床逐渐升高，将它与外海隔绝，形成了一个看似普通的内陆咸水湖。每天正午时分，成千上万的水母都会浮出水面进行光合作用，场面十分壮观。由于水母的身体相当脆弱，人们千万不可将水母拿出水面或用力碰触，以免造成水母死亡。

水母湖的独特之处在于，它拥有世界上独一无二的无毒水母。由于湖中大多数海洋生物都随着养分的消耗而消亡，只剩下一种低等的、靠少量微生物就可以生存的水母。各种天敌的消失，使这些水母渐渐丧失了祖先用以防卫自身的武器——身体内的毒素。

↓洛克群岛

洛克群岛

洛克群岛有"水上花园"之称，是百万年前浮生起来的古老礁脉，由200座石灰岩岛礁组成。稀少人烟的岛屿布满了浓密森林，看起来像绿色草菇；南面岛屿则有沙滩，景观十分美丽。环礁沙滩里蕴藏着丰富的水族生态系统，绿藻、游鱼、珊瑚、珠贝等生物让人眼花缭乱。

别有洞天——塞班岛

清澈透明，玻璃般的纯净体验
纯粹原始，世界顶级潜水胜地
神秘莫测，无与伦比的蓝洞世界

玻璃般透明的世界顶级潜水胜地

1521年，葡萄牙航海家麦哲伦首次发现了塞班岛，从此这个小岛的原始风貌为世人所知。塞班岛犹如大海中一位遗世而独立的佳人，以其富有变化的地形和玻璃般超高透明度的海水成为潜水族梦寐以求的世界顶级潜水胜地。塞班岛上拥有20多个潜水点，海水的透视度高达30米，其中最吸引人的便是世界十佳洞穴潜水地之一的蓝洞。蓝洞与太平洋相连，曾被《潜水人》杂志评为洞穴潜水点世界第二。

↑ 塞班岛清澈的海水

→ 海底美丽的热带鱼

神秘梦幻的蓝洞世界

　　蓝洞的外观如同一只张开嘴的海豚，水深达22米，是典型的海水侵蚀作用而形成的天然洞穴——一个巨大的钟乳石洞。洞内岩石的阴影投射吸引了众多水下生物，五彩斑斓的热带鱼、海龟、魔鬼鱼、海豚、水母、海胆等让人眼花缭乱。然而，最神奇的是当潜水者游至洞口时，从水下张望海面，能看到阳光照耀水面所呈现出的一种宝石般神秘的蓝色，绝美至极。

冰激凌

　　塞班岛的西侧海水中有一座形如浅湾的小山，这里是幼鳗、海葵以及寄居鱼类的天堂。海水中的小山山脚距海面50米而山顶距海面仅为18米，所以这里适合浅水型潜水。一旦出现水流，可能还会有鹦鲼绕着山顶滑翔。由于此处的岩层好像是一匙冰激凌，所以这里才有了这样一个名字。

鹦鲼邦

　　鹦鲼邦是塞班岛独特的潜水点。在这里，你可以看见很多鹦鲼在周围嬉戏，摄影爱好者可以摄下鹦鲼的靓影。这个潜水点的深度从40米到130米，适合各种水平的潜水者。

↓ 蓝洞洞口神秘的蓝光

海底的"旋涡"——西巴丹岛

美丽异常，三分岸上美

惊艳奇幻，七分海底"色"

摄人心魄，世界级峭壁潜水胜地

三分岸上美，七分海底"色"

西巴丹岛是马来西亚东岸苏拉威西海中的岛屿。西巴丹是由海底的一座死火山顶端的珊瑚礁形成的海岛，岛屿从600米深的海底直接伸出海面，水下部分形如一柱擎天的烟囱，十分陡峭。在西巴丹海边，如果多跨出一步，水深也许就会从3米直接变为600米。因此，西巴丹被誉为世界级的峭壁潜水胜地。

↑西巴丹岛碧蓝的海水

↓缤纷绚烂的海底世界

从高处俯瞰，西巴丹岛仿佛一朵安详盛开在海上的蘑菇花。岛上繁茂的热带雨林中点缀着零星的白屋，美丽异常。然而，西巴丹缤纷绚烂的海底世界的美水面上仅占三分，那七分的奇幻与瑰丽只有潜入水下才能欣赏到。

摄人心魄的海底"旋涡"

西巴丹岛所处海域拥有世界上最丰富的海洋生态系统，大约有3 000种鱼和数百种珊瑚以及其他生物。最负盛名的便是海中比比皆是的海龟和玳瑁。此外，世界上唯一被人类发现的龟冢也在这里。畅游其中，令人叹为观止。

西巴丹岛的水下世界摄人心魂。在任何据点潜水，你能看到的绝对不是一两只海龟或鱼儿，而是几十只海龟以及成千上万条的鱼类组成的巨大鱼群。任何一个潜水者都不能错过的美景便是梭鱼聚集的梭鱼坪。数以千计的梭鱼经常聚集于此，形成如台风眼般的大旋涡，在海底穿梭飞舞，景象蔚为壮观。

↑壮观的梭鱼坪

探险乐园

    掀开百慕大群岛的神秘面纱，探寻恐怖气息之外的世外风情；走进电影《加勒比海盗》的拍摄地牙买加皇家港口，体验非同寻常的海盗文化；登陆科隆群岛，探秘激发达尔文"生物进化论"灵感的奇异生物……整装待发，驶进充满挑战的探险乐园！

海盗传奇——牙买加

邪恶与英雄同在，曾经的"海盗乐园"
惊险刺激，昔日的海盗传奇
叮咚作响，生机盎然的"泉水之岛"

↓ 电影《加勒比海盗3》剧照

曾经的"海盗乐园"

随着好莱坞巨制《加勒比海盗》四部曲的热映，影片中所塑造的那些不畏强暴、追求财富、向往自由、渴望冒险的海盗形象也逐渐深入人心。近年来，描写海盗的作品越发火爆。作为影片《加勒比海盗3》拍摄地的牙买加皇家港口，也成为人们追寻和探索海盗文化的理想宝地。

加勒比海曾经是海盗出没最为频繁的海域。牙买加皇家港口是17世纪加勒比海地区一个非常重要的航海港口，也是当时奴隶、糖和原材料的贸易中心。1655年牙买加被英国占领，因当时的英国政府鼓励海盗在此定居，并允许其在海上劫持过往的法国和西班牙商船，所以这里也就成为猖狂一时的海盗大本营。这里是"海盗乐园"亦是"地球上最富有、最邪恶的地方"。在《加勒比海盗3》中，杰克船长成功离开毛利人的岛屿后遵循着特瑞格的指示来到皇家港口，并在这里找到了名叫"打莱玛"的吉卜赛女人。

"海盗"一词的由来

《荷马史诗》中最早出现了海盗的形象。早在公元前14世纪，古希腊就有了关于海盗的记录，而英文"pirate"（海盗）一词就源于希腊文，意为攻击或企图攻击船只的武装强盗。

昔日的海盗传奇

也许这里实在太过混乱和邪恶而遭到了"上帝的惩罚"。 1692年，一场突如其来的大地震摧毁了这座海盗之城。由于牙买加建在一片沙洲之上，而且高出当时的海平面还不到1米，所以整座城市大约有2/3的面积都沉入了海底。距离港口较远地带的建筑至今仍然完好无损地矗立于水中。位于弗吉尼亚的航海博物馆中保存着对此次地震比较详细的记录。

数百年来，无数考古爱好者对这座水下城市充满了好奇，并希望能够从中找到当初海盗们的传奇故事。从这个沉没的遗址中，人们可以考察17世纪时加勒比海殖民地的城市规划、建筑结构以及人们的日常生活。最具戏剧性的是，20世纪60年代考古学家在海中发现了一只怀表，而怀表指针则精确地定格在11时43分，这正是那次大地震发生的瞬间。

生机盎然的"泉水之岛"

牙买加，名字源自印第安语中的"Xaymaca"，意思是"泉水之岛"。

几百年来，牙买加都欢迎来自其他国家的人到岛上定居。这个小小的海岛接待了发现它的美国印第安人，将它占为己有的欧洲人，在这里安家的非洲人以及为寻找更好生活而来的亚洲人、印地安人和中东地区的人们。每一个民族都带着他们的故事和传统，并将其融入到牙买加这个大熔炉里。所有这些结合在一起，赋予牙买加丰富的历史和富饶的历史遗产——传说、文化和风俗；这一切都以牙买加美丽的青山绿水作为背景向人们呈现出来。

↑牙买加皇家港口

↓牙买加岛屿风光

牙买加有丰富的水草，淙淙的泉水。牙买加岛内的众多山峰都不高。在山间，你可以看到山泉从悬崖的裂缝中流出，汇集成小溪，形成瀑布落入涧中；涧水又汇成小河和大河，奔流入大海。这个位于加勒比海北部的岛国，向来以山、水和阳光著称，多年来不知迷倒了多少新婚夫妇，同时荣获了加勒比海最佳旅游点的殊荣。

航海幽灵——百慕大群岛

谈之色变，毛骨悚然的"魔鬼三角"
大开眼界，充满期待的探秘之旅
与世隔绝，神秘气息之外的海岛风情

神秘的"魔鬼三角"

恐怕是百慕大群岛的神秘海域使它蜚声世界吧。那些谜团,也许只有上帝才能解释清楚。人们对百慕大三角既充满恐惧,又憧憬着有机会能够亲自踏上这片神奇的海域,与传说中的魔鬼三角进行一次亲密接触,一探其庐山真面目。

在百慕大群岛,最早记录的神秘失踪事件是在1840年。当时法国的"罗莎里"号远洋航船,满载着香水、绸缎和酒类等物品从法国出发驶向古巴。然而在数星期之后,英国海军在百慕大三角的海面上发现了这艘船,船上货物虽完好无损,但所有的船员却音讯全无。而最终将这片离奇的海域定名为"百慕大三角区"则是1945年美国第19飞行中队的神秘失踪事件。由于美国飞行队当时制定的飞行计划是一个三角形,后来人们也就把北起百慕大群岛、西至美国佛罗里达州的迈阿密、南到波多黎各所形成的这片三角形区域称作"魔鬼三角"。人们根据百慕大的神秘事件拍摄了电影《神秘百慕大三角》。

> **众说纷纭的百慕大之谜**
>
> 对于造成百慕大神秘现象频发的原因,科学界存在多种推测,其中包括磁场学说、幽灵潜艇说、激光辐射流说等,甚至有人推测可能是外星人在作怪,众说纷纭,莫衷一是。百慕大海域仍旧迷雾团团,值得人们去深入探索。

探秘百慕大

于1975年向游客开放的百慕大海事博物馆里永久珍藏着海难船只和船中的珍宝,并经常举办专题展览。人们可在这里欣赏到许多跨世纪的东西:从30米长的单桅小帆船到腐朽的船体,以及金币、宝石、航海日志等。馆内遇难的船只有16世纪从卡特琳娜到凯地磁航路上触礁沉没的"桑·帕多"号,17世纪满载着提供给美国人的烟草并在航行途中触礁沉没的英国人最珍爱的"伊戈尔"号,以及十八九世纪许多国家的船只等。

↑百慕大海事博物馆

百慕大海上潜水有限公司和潜水航海有限公司将这里的旅游业办得有声有色。这里的导游态度热情，旅游项目价格低廉，航海设备完善。如果想参观海难景点，可以乘玻璃钢制的游船前往第一次世界大战中被击沉的"预言家"号旗舰沉没处。另外，还可以在潜水专家指导下佩戴潜水呼吸器，从百慕大最西边的水域下水，欣赏几艘著名的沉船。

↑ 世外桃源般纯净的百慕大群岛风光

↑ 百慕大群岛上的度假村

神秘气息之外的海岛风情

1503年，西班牙航海家胡安·百慕大最早发现了这片海域，故名"百慕大"。之后，这里便成为西班牙和葡萄牙过往船只的补给地。1609年，英国海军给百慕大带来第一批"移民"，从此这里也就成为英国殖民地，也是英国历史最悠久的海外领地。这里险礁遍布、天气恶劣，流传着很多幽灵鬼怪的传说，因此百慕大也曾被称为"恶魔之岛"。许久以来，百慕大一直被笼罩在神秘恐怖的乌云之下，然而真实的百慕大群岛却仿若一片世外桃源。百慕大群岛距离陆地较远，因此又被称为"地球上最孤立的群岛"。这里虽然没有茂密的原始森林，但因百慕大群岛和美洲大陆之间有一股暖流通过，所以群岛上四季如春，拥有花香四溢、蓝天绿水、白鸥飞翔的秀丽风景。群岛上的教堂和欧洲中世纪的古老城堡，散发着独有的人文气息。一旦你踏上这片美丽的岛屿，就会对之前听到过的关于百慕大三角的传言产生怀疑：那些恐怖故事都是想独占这片净土的人们虚构出来的吧？

"进化论"的故乡——科隆群岛

妙趣横生，巨龟的天堂
稀世宝贵，生物进化的博物馆
寒暖流交汇，赤道上的奇异风光

"巨龟之岛"

科隆群岛又名加拉帕戈斯群岛。1535年，巴拿马主教佛里·汤玛斯在前往秘鲁途中发现了这片群岛，他看到这里遍地都是巨龟，便将其命名为"加拉帕戈斯群岛"，意为"巨龟之岛"。厄瓜多尔统治该群岛后，将其改名为科隆群岛。科隆群岛是世界上最古老的巨龟产地。巨型陆龟是科隆群岛最富特色的动物。岛上的陆龟长大后龟壳直径有1米左右，最重的可达250千克，按其特征可以分为圆壳龟和鞍形壳长颈龟，它们以仙人掌和树叶为主食。圆壳龟生活在比较低洼的地方，长颈龟则生活在干旱的岛上。

↑科隆群岛上的巨龟

生物进化的博物馆

科隆群岛独有的生态环境，使它拥有世界上别的地区早已绝迹了的古代动植物，如鬣蜥、海獭、鹈鹕、信天翁、蜥蜴、火烈鸟、熔岩鸥等，可称得上是生物进化史上的活证据，因而该岛还有"独特的活的生物进化博物馆和陈列室"之称。1978年，作为宝贵的自然遗产，科隆群岛被列入世界遗产名录。

1835年，英国著名生物学家达尔文随"贝尔格"号远洋军舰环球考察时，来到科隆群岛，并被这里独特的生物现象所吸引。他在这个岛上停留了5个星期，观察了生物在隔绝环境下的适应能力，并采集了190多种植物标本，认定了14个新物种。达尔文发现，在这里生活的同类鸟和

↑ 白腹海雕

↑ 达尔文铜像

海龟的形态与习性却大不相同，它们均为适应自然环境而发生变化。这个发现使他认识到自然也能对物种进行选择，为他"适者生存"的进化论观点提供了强有力的证据。

为纪念达尔文的伟大发现，人们在岛上建了一座达尔文铜像和生物考察站，并将他研究过的鸟岛命名为"达尔文岛"。如今每年都有很多生物学专家和生物爱好者来这里参观和瞻仰进化论思想的"故居"。岛卜达尔文考察站的巨龟保育中心内生活着多种巨型海龟，是近距离观看巨龟的绝佳之地，令人大开眼界。

↓ 科隆群岛上的蓝脚鲣鸟

↓ 科隆群岛附近海域的双髻锤头鲨

赤道上的奇异风光

科隆群岛虽横跨赤道，属于典型的赤道群岛，但它的自然环境却与赤道其他地区稍有不同。岛上干燥少雨、植物稀疏，四周被汪洋大海阻隔，形成了一个小型生态系统，因而这里喜寒喜暖动物共存。

科隆群岛上除了成千上万的海龟，还有热带动物大蜥蜴等奇珍异兽，以及高大繁茂、千姿百态的仙人掌树等。最令人称奇的是群岛上的企鹅。至于这些企鹅的来历，可能只有企鹅们自己知道吧。同南极的企鹅相比，科隆群岛上的企鹅普遍长得比较矮小，看上去似乎有些发育不全，是世界濒危动物。

科隆群岛与秘鲁寒流

科隆群岛的奇异地理现象，与秘鲁寒流息息相关。秘鲁寒流是寒流中较强大的一支，它将南太平洋的冷水滔滔不绝地输送到赤道附近，而科隆群岛正好挡在它前进的路上，冷水的包围也就使得科隆群岛的温度偏低。此外，太平洋暖流与秘鲁寒流的交汇，使群岛上出现了寒热带动植物同生共存的奇特现象。

↓科隆群岛所独有的鬣蜥

特色海上游

　　科学技术的飞速发展，将旅行的空间从海滨和岛屿拓展到了大海之上。奢侈游艇、豪华邮轮让人们远离大陆，真正与大海亲密接触，度过一段难忘的海上时光！

奢华私享——游艇旅游

"水上轿车"，海上娱乐的奢侈品

尊贵私享，贵族身份的象征

激越刺激，畅享出海的自由时光

彰显尊贵：游艇俱乐部

游艇，英文名"yacht"，被称为"水上轿车"，属于水上娱乐的奢侈品，与高级跑车、私人飞机一起成为显示身份的象征。而加入游艇俱乐部，成为其会员，则显得格外尊贵。

现代社会的游艇俱乐部，已经从过去简单提供船只补给服务的小船坞发展到集餐饮、娱乐、住宿、商务、驾驶训练等多功能于一体的旅游休闲场所。人们可以租赁或者购买私人游艇，远离久居的大陆，驶向大海或附近岛屿，享受驾驶、垂钓的乐趣，还可以自制丰盛海鲜佳肴。

1660年，英国查尔斯二世继承王位时，人们献给他一艘狩猎用船，名叫"YACHT"，这艘船也就成了最早的游艇。因为在此之前的船只都是因实用性而开发制造的。自"YACHT"诞生以后也就开始有了供人们游乐用的帆船。到18世纪时，英国及欧洲的王公富豪以帆船来炫耀自己的身份，成为一种风尚。

目前美国拥有世界上最多的游艇，也是世界上游艇俱乐部最发达的国家，至今仍保持着世界游艇市场的霸主地位。我国的香港特区游艇俱乐部发展比较完善，拥有数十个条件优越的游艇码头。香港皇家游艇俱乐部是香港历史最悠久的游艇俱乐部，位于香港仔避风塘的深湾游艇俱乐部则是香港最奢华的游艇会俱乐部。

↓底特律游艇俱乐部

底特律游艇俱乐部

底特律游艇俱乐部历史悠久，始建于1868年，是美国最有名的游艇俱乐部。俱乐部初期主要举办一些赛艇活动，后期因其高级豪华的设施而吸引了众多社会知名人士加入。如今很多美国人都以成为其会员为荣。俱乐部目前拥有384个泊位，建有网球场、室内泳池和室外泳池等娱乐设施，可供游客进行游艇约会、水上篮球、滑水、钓鱼会及枪会、航海家庭聚会等娱乐活动。

↓深湾游艇俱乐部

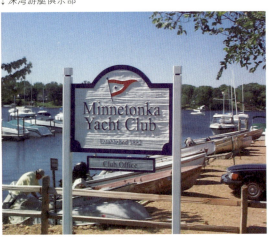

深湾游艇俱乐部

　　深湾游艇俱乐部成立于1984年。位于香港仔避风塘内，临近海洋公园，被公认为香港选址最佳，能提供全面、优质的海事服务的会所。会员和非会员均可享用各种海事设施，是绝佳的享受生活、乐聚天伦的私人天地。会所设有6间特色餐厅和10个宴会厅，其奢华程度居亚洲同类会所之首。

青岛银海国际游艇俱乐部

　　青岛银海国际游艇俱乐部于2003年3月由银海集团投资3亿元开始建设，2005年开始使用，是2008年奥帆赛配套工程。俱乐部拥有366个国际标准游艇泊位和干船坞、修船坞、帆船训练基地、帆船下水坡道、高级公寓、星级酒店、会展中心、游艇驾校、健康休闲会馆、俱乐部会所等功能齐全的配套设施。

尽享奢华：私人游艇

　　"丽娃"（Riva）游艇被誉为游艇中的劳斯莱斯。拥有100多年历史的"丽娃"是世界游艇界中最古老、最传奇、最昂贵的品牌之一。"丽娃"的船型均为限量收藏级,堪称意大利传统手工艺和现代高端科技的完美结晶。100多年来,它始终是全球贵族、富豪及众多影星的宠儿。

　　拥有"丽娃"游艇的名人有约旦国王侯赛因，意大利王储，西班牙国王，摩纳哥王子，好莱坞影星伊丽莎白·泰勒、索菲亚·罗兰、尼古拉斯·凯奇、乔治·克鲁尼、布莱德·皮特，中国富豪李嘉诚等。

→古典气质的"丽娃"游艇

↓皇家贵族气质的"公主"游艇

↓皇家贵族气质的"公主"游艇

　　"公主"（Princess）游艇有着永恒的尊贵典雅身姿。"公主"游艇的创始人David King于1963年创建了公主国际游艇公司,总部位于英国西海岸城市普利茅斯。目前"公主"是世界游艇市场的顶级品牌。游艇线条优美典雅,室内装潢豪华舒适,给人以最大程度的美感享受。它承袭了英国皇家贵族气质。经典的设计、精良的工艺、出色的性能、可靠的品质、豪华的装饰、舒适的布局,成就了它极高的知名度。

↓游艇内的设施处处尽显奢华

豪华盛宴——邮轮旅游

金碧辉煌，大气磅礴的海上度假村
远离大陆，坐拥碧海蓝天的悠闲时光
感动依旧，重温经典之旅

金碧辉煌的海上度假村

好莱坞巨制《泰坦尼克号》，在让世人感叹浪漫爱情故事的同时，也向观众提供了一场华丽的视觉盛宴。电影中金碧辉煌、大气磅礴的"泰坦尼克"号邮轮成为人们心中无法磨灭的符号。

现代豪华邮轮旅游的最大特色在于带给游客浪漫休闲的高级假日享受。邮轮造型十分精致美观，仿佛一座漂浮在海上的豪华度假村。与游艇旅游不同的是，邮轮旅游突破了近海旅游时间和空间的局限，远航至更广阔的海域，前往另一个城市或国家并做短暂停留，极大地丰富了假日旅行的视野。豪华邮轮内设有餐厅、酒吧、电影院、图书馆、商业街等各种娱乐设施。此外，邮轮还有岸上游览行程，可供游客尽情享受坐拥碧海蓝天的悠闲时光。浪漫、兴奋、放松、探险、发现和奢华是豪华邮轮永远的度假主题。当今世界众多的邮轮中，"钻石公主"号、"处女星"号是豪华邮轮中的佼佼者。

邮轮最早起源于欧洲。早期的邮轮是邮政部门专用的运输邮件的一种交通工具，同时运送旅客。随着科技的进步，喷气式民航客机的出现，使得远洋邮轮渐渐失去了载客和载货功能。为了增强竞争力，邮轮公司遂兴起了邮轮假期的概念。直到19世纪中叶，美国航运巨头爱德华·科林斯才将豪华的概念引进了远洋邮轮的建造中。英国工程师爱森伯特·布律内尔建造了传奇般的巨轮，成为人类进入巨轮时代的标志。

美国迈阿密享有"世界邮轮之都"的美誉。欧洲邮轮旅游有较长的历史，形成了许多著名邮轮都市，其中首推西班牙的巴塞罗那。亚洲邮轮旅游起步较晚，但发展势头良好，其典型代表是新加坡和中国香港。近年来，中国内地也在大力开发邮轮旅游，青岛、大连、上海、深圳等地都在争先抢占邮轮母港。

↓现代邮轮旅游将人们的假日生活搬到了大海之上

↓豪华邮轮内奢华的内部装饰

"海洋绿洲"号

　　由美国皇家加勒比国际邮轮公司投入巨资建造的"海洋绿洲"号邮轮，于2009年12月1日开始处女航行，是目前全球最大、最豪华的邮轮。它共有16层甲板，每层甲板上都建有客舱，客房更是多达2 700间。这艘巨轮的设计卓尔不凡，开创性地融入了"邻里社区"的理念，将空间分割为各具魅力的七个主题区，即中央公园、皇家漫步大道、百老汇、游泳及运动中心、海上疗养和健身中心、娱乐中心、青少年活动中心。每个主题"社区"都包含不同寻常的元素，拥有赌场、商店、剧院、酒吧、跳水池、溜冰场和攀岩场地等许多陆地上才有的娱乐设施，让游客体验到不可思议的海上航行的精彩与乐趣。"海洋绿洲"号邮轮，承载着几代邮轮的梦想，刷新了多项邮轮界的纪录，包括海上高空滑绳、首个海上公园、首个海上手工制作的旋转木马、跃层套房的居住体验，还有首个海上剧院等，是当之无愧的"海上巨无霸"。

重温经典之旅

　　为纪念"泰坦尼克"号邮轮首航百年，2012年4月8日，英国"巴尔莫勒尔"号邮轮从英国南安普顿港出发，重走当年"泰坦尼克"号的航线，并继续其未完成的旅程。当年遇难者和生还者的亲属、"泰坦尼克"号的研究者以及众多被泰坦尼克号影响和感动的人，共1 309人踏上此次旅程。与"泰坦尼克"号体积大小相近，从菜品到现

场乐队表演，"巴尔莫勒尔"号邮轮都复制了当年"泰坦尼克"号上的场景。按照计划，"巴尔莫勒尔"号于当地时间4月14日抵达"泰坦尼克"号沉没的地点，并于当日晚上11点40分——100年前"泰坦尼克"号与冰山相撞的时刻，举行特殊的纪念仪式，一直持续到4月15日凌晨2点20分——100年前"泰坦尼克"号沉没的时刻。随后邮轮将途经加拿大哈利法克斯悼念埋葬在那里的部分遇难者，并最终抵达航线的终点美国纽约。然而，因途中有游客生病，"巴尔莫勒尔"号于4月11日被迫折返。后又因遭遇暴雨，整个行程充满了艰险。虽未能按计划如期完成使命，但"巴尔莫勒尔"号勇敢克服了暴雨、冰山等不利因素，于4月19日安全抵达了终点纽约。

"泰坦尼克"号

20世纪初，由英国白星航运公司建造，是当时最大、最豪华的邮轮，被称为"永不沉没的客轮"、"梦幻客轮"。1912年4月10日，"泰坦尼克"号载着2 224名乘客和船员，从英国南安普敦出发，开往美国纽约，开始了横越大西洋的处女航行，但却不幸在北大西洋撞上冰山沉没。由于缺少足够的救生艇，船上1 500多人葬身海底，造成当时最严重的一次海难。轰动全球的电影《泰坦尼克号》正是根据这艘豪华邮轮的真实故事改编而成的。

↓电影《泰坦尼克号》剧照

带着对海洋的热爱与憧憬，在领略了各地海滨的独特魅力，畅游了缤纷海岛的宁静悠然，体验了"鱼翔浅底"的自由之后，心中是否悄然升起对这片蔚蓝世界的无限感慨与敬仰之情？

　　大海，以海纳百川的宽广胸怀，慷慨无私地赐予了人类众多珍贵旅游资源，丰富了我们的生活。因此，我们也应该以同样的真诚来回报它。让我们携手共同守护好这片神圣美丽的蓝色家园，为海洋的明天贡献自己的一份力量！

致　谢

　　本书在编创过程中，新加坡国家旅游局、日本国家旅游局、美国国家旅游局、马尔代夫国家旅游局、中国国家旅游局、济南汇海科技有限公司的陈少刚以及杨立敏、李建筑等机构和同志在资料、图片方面给予了大力支持，在此表示衷心的感谢！书中参考使用的部分文字和图片，由于权源不详，无法与著作权人一一取得联系，未能及时支付稿酬，在此表示由衷的歉意。请相关著作权人与我社联系。

　　联 系 人：徐永成
　　联系电话：0086-532-82032643
　　E-mail：cbsbgs@ouc.edu.cn

图书在版编目（CIP）数据

海洋旅游 / 方百寿主编． —青岛：中国海洋大学
出版社，2012.5
（人文海洋普及丛书 / 吴德星总主编）
ISBN 978-7-5670-0003-2

Ⅰ.①海…　Ⅱ.①方…　Ⅲ.①海洋－旅游－世界－
普及读物　Ⅳ.①F590.7-49

中国版本图书馆CIP数据核字（2012）第088847号

海洋旅游

出 版 人　杨立敏	
出版发行　中国海洋大学出版社	
社　　址　青岛香港东路23号	
网　　址　http://www.ouc-press.com	邮政编码　266071
责任编辑　陈梦　电话　0532-85902342	电子信箱　chenmeng228@126.com
印　　制　青岛海蓝印刷有限责任公司	订购电话　0532-82032573（传真）
版　　次　2012年5月第1版	印　　次　2012年5月第1次印刷
成品尺寸　185mm×225mm	印　　张　10.25
字　　数　50千字	定　　价　29.80元